Seoul New Frontier

서울을
서울답게

목영만 지음

BM (주)도서출판 **성안당**

서울은 대한민국의 수도이자 인구 5분의 1이 살고 있는 공간이다. 세계적으로도 인구 10위의 거대 도시이며, 경기도 지역까지 합하면 그야말로 메트로폴리탄이다. 인구뿐 아니라 도시 경쟁력도 세계 10위를 넘나들며 정치, 문화, 교육, 종교 등 전 분야에서도 상당한 영향력을 가지고 있는 곳이다.

사람이 사는 장소는 그곳에 사는 사람들에 의해 수준이 결정된다. 각 가정의 환경을 한번 돌아보라. 그 사람의 생각이 반영되어 공간이 연출된다. 도시 역시 마찬가지다. 도시에 살고 있는 사람들의 수준과 생각, 그리고 생활 방식이 그 도시의 환경을 궁극적으로 결정한다.

서울은 수렴의 공간이기도 하다. 수렴은 밀집을 야기하고, 긍정적 에너지는 물론 부정적 에너지도 분출한다. 교통, 주택, 상·하수도, 쓰레기 등 경제 활동과 일상생활의 흔적을 매일매일 생산해 낸다. 도시의 집적 효과는 부가가치를 창출하지만, 삶의 질을 저하시키는 공간 부족을 야기한다. 항상 부족한 땅의 평면적 확대가 한계에 부딪히면, 입체를 지향하여 위로 솟아오른다. 도시가 존재하는 것은 흩어지는 것보다 더 나은 삶의 질과 기회를 제공하기 위함이다. 도시는 더 큰 기회를 잡기 위해 서로가 경쟁하는 공간이다.

그러나 도시는 정치에 의해 갈등하는 공간으로 변질되기도 한다. 도시의 정치화다. 정치는 제로섬 게임이며, 경제적 경쟁을 압도한다. 누가 권력을 차지하느냐에 따라 경제적 기회와 이득이 두터워지거나 얇아진다. 경쟁에서 패배하는 자는 자신이 가진 전부를 포기해야 한다. 이것이 정치로 물든 도시가 제로섬 게임의 처절한 전장이 되는 이유이다.

과거 10년간 서울은 정치가 모든 요소를 지배하는 공간이었다. 정치가 행정을 압도하여 행정가들의 양심, 전문성과 능력은 선거에 의한 대의 제도의 희생물이 되었다. 정치의 희생물로 전락한 서울이 된 것이다. 서울시장 경력은 대통령이 되기 위한 가장 가능성 있는 징검다리가 되었다. 어찌 보면 한 개인의 정치적 욕망을 구현해 주기 위해 4만 5천여 명의 공무원과 1,000만 서울 시민이 희생당하는 공간으로 전락했다고 볼 수도 있을 것이다. 그렇다면 어떤 이유로 서울시장직을 거친 자가 대통령직도 잘 수행할 수 있다는 환상을 가지게 되었을까?

이런 근원적 질문을 가지고 이 책은 시작되었다. 서울 시민들의 일상생활 속 불편을 덜어주고, 시민들의 원활한 경제 활동을 위해 걸림돌을 없애며, 도시가 도시로서 기능을 잘 작동할 수 있도록 관리하는 것이 서울시 행정의 주된 일임에도, 정치적 결정들에 의한 전시적 공간으로 도배되고 있는 현상에 대한 반성으로부터 이 이야기를 풀어보고자 한다.

그중에서도 특히 지난 10년간의 반성을 통해, 우리와 후손들이 살아가야 할 땅, 서울의 공간에 대해 이야기하고자 한다. 서울을 서울답게 만들기 위해서 가장 필요하고도 시급한 것은 무엇인지 짚어보고, 그것을 해결하기 위한 방안을 제안하고자 한다. 서울은 어느 누구의 정치적 무대가 아니라 이곳에서 살고 있는 우리와 앞으로 살아가야 할 우리 후손들의 삶의 터전이기 때문이다.

이 책은 서울이 서울이라는 이름을 달고 탄생한 것이 무려 629년째인 2021년이 되는 시점에서 우리는 미래에 대해 어떤 비전과 희망으로 이 공간을 만들어 나아가야 하는가에 대한 답변서이다. 공간을 단순한 물리적인 장소가 아닌 인류가 발을 디디며 일상을 살고 경제 활동을 하는 터전으로 이해한다면, 그런 근원적인 공간을 새롭게 창조해서라도 이 땅에 살아가는 사람들에게 제공해야 할 의무도 있는 것이다. 그것이 시민들의 세금과 권한을 위임받아 공직을 맡은 사람들이 해야 할 당연한 의무일 것이다. 진영에 터 잡아 네 편 내 편으로 나누어 이전 투구하는 세상에서는 그런 일은 일어나지 않는다. 창조적 행위가 숨을 쉴 수 없기 때문이다.

따라서 저자는 정치로부터 독립된 서울이어야만 이런 창조적 행위를 할 수 있다고 확신한다. 서울을 정치로부터 독립시키는 것이야말로 시민을 위한 진실한 행정을 할 수 있고, 진정 시민들을 위한 삶의 공간으로 재탄생시킬 수 있다고 주장한다. 이 책은 서울을 세계인들이 부러워하는 도시로 재탄생시키고자 하는 저자의 실천적 제안서이다. 지금까지 제한적으로 이용되고 있던 한강변 공간을 가치 있는 땅으로 만드는 방안을 세계 유명 도시들의 사례를 들어 그 가능성을 입증하고, 360만 평의 한강변을 재창조하여 서울의 미래 동력으로 삼고자 하는 실천적 구상이다.

차례

제1장

도시란 무엇인가

— Seoul New Frontier —

1. 도시를 말하다

'도시란 무엇인가'라는 질문은 인류가 공동체 생활을 영위해온 이래 끊임없이 제기되는 질문 중 하나다. 사람들은 왜 좁은 공간으로 모여들기 시작했으며, 어떤 요인이 특정 공간으로 모여들도록 촉진했는가? 그 요인은 인위적인가, 자연적인가?

학자들에 따라, 보는 관점에 따라, 도시 형성 원인에 대한 견해는 실로 다양하다. 그러나 도시라는 형태에 주안점을 두고 그 기원을 말한다면, 기원전 3,500년경의 유프라테스강과 티그리스강 유역의 초승달 지역을 꼽을 것이다.

이 초승달 지역이 바로 메소포타미아 문명의 태동이 일어난 곳이다. 그 뒤를 이어 인더스강 유역의 인더스 문명, 황허강 유역의 은(殷)·주(周) 문명, 그리고 나일강 유역의 이집트 문명이 발생하였고, 그 문명의 중심권에는 도시라는 형태를 갖춘 밀집된 거주 공간이 형성되었다. 문명과 도시는 그 수명을 같이 하고 있었다.

이러한 문명이 발흥하면서 도시적 형태를 띤 이유는 무엇일까? 사회적인 기능 분화가 경제적으로는 잉여 생산이라는 결과물을 낳았다. 실제 생산 활동에 종사하지 않아도 먹고 살 수 있는 기회가 주어진 것이다. 그런 기회는 사람들이 모여 들어와 살게 하는 촉진제 역할을 하였다. 잉여 생산력이 인간의 정주(定住)를 촉진한 것이다. 초기 도시는 아마도 신정(神政)을 기반으로 한 지배 세력의 권한을 강화하기 위해 인구의 집적화가 권유되거나 강제되었을 것이다. 농업화가 진전되면서 잉여 생산력이 증가되었고, 잉여 생산물은 직접 농업 생산에 종사하지 않아도 생활을 영위해 나갈 수 있는 새로운 계층을 탄생시켰다. 즉, 기능의 분화가 일어난 배경이다.

- 도시의 정의

도시에 대한 정의 또한 다양하다. 사람(people)과, 사람들 간에 이루어지는 행위(behavior)라는 두 가지 주요 요소가 결합된 공간으로 이해되고 설명되는 것이 일반적이다. 한자로 도시(都市)는 황제, 즉 절대 권력자가 거주하는 궁성으로서, 공간의 경계가 되는 성벽이라는 의미를 가진 도성(都城)과 재화 또는 서비스가 교환·거래되는 공간으로서의 의미를 가진 시장(市場)이라는 단어의 앞글자를 따서 만들어진 글자이다. 즉, 도성 안에서 사람들이 거래 행위를 하는 공간이 도시인 것이다.

도시의 필연성과 경외를 담아 찬사를 보낸 시인도 있다. 18세기 영국 시인 윌리엄 코우퍼(William Cowper)는 '신은 인간을 만들었고, 인간은 도시를 만들었다'고 말해 도시 형성을 인간이 할 수 있는 최고 수준의 행위로 승격시키고 있다. 신에 버금가는 창조 행위로 칭송한 것이다. 그만큼 도시를 만들고 가꾸는 일이 어렵다는 말이기도 하다. 도시를 만들기도 어렵지만, 도시가 생명력을 가지고 지속 가능하도록 하는 일은 더더욱 어렵다. 긴 역사 속에서 도시들은 흥망성쇠와 부침을 거듭해 왔다. 그만큼 지속 가능하도록 생명을 유지시키는 일은 어찌 보면 신의 영역일지도 모른다. 다만 인간은 노력할 뿐이다. 노력한 후 그 결과를 겸허히 기다리는 구도자 같은 자세로 도시를 대해야 한다는 경구이기도 하다.

고대와 중세 시기 도시의 주인은 단연코 시민이 아닌 절대 권력자였다. 근세에 와서야 시민이 주인이 되는 도시가 탄생하였다. 근세 민주주의가 서서히 확립되어가고 시민의 경제적 자유가 보장되면서 도시는 도시다운 활력을 갖게 되었다. 절대 권력자들을 위해 이루어지던 도시의 기능이 일반 시민의 경제 활동 공간으로 기능하면서 활력을 찾게 된 것이다.

서울이라는 도시에 한정하여 어떤 과정을 통해서 서울이라는 도시가 정의 내려지고 있는지를 살펴보자.

서울은 타율에 의해 만들어진 계획도시이자 성곽도시였다. 서울(한양)은 내사산에 둘러싸인 분지에 성곽을 빙 둘러 쌓아 만든 한정된 공간에 종묘사직을 건설한 정치적 공간이었다. 그러나 도시는 한번 만들어지면 스스로 발전하는 자생력을 가진다. 그 발전이 무질서한 것이든 계획이 뒷받침되어 질서정연한 것이든, 가리지 않고 확장하는 경향을 보인다.

서울도 마찬가지의 과정을 겪었다. 수백 년이 흐르면서 경계가 축소된 적은 한번도 없었다. 지속되던 인구 팽창이 1990년 초반에 1,000만 명 수준으로 고정되면서, 도시의 외연적 확장도 숨을 고르고 있는 상황이다.

도시는 한번 탄생하면 자생하는 속성을 갖는다. 제도나 기술적 보완은 도시가 확장된 후에 뒤따르는 조치다.

무엇이 도시의 확장을 일으키는 에너지인가? 왜 도시는 축소보다 확장 지향적인가? 어떤 요인이 사람들을 좁은 공간에 모여들게 하는가? 그것은 바로 도시의 경쟁력이 도시 이외 다른 지역에 비해 월등히 높기 때문이다.

2. 도시 경쟁력과 그 역할

경쟁력을 구분하는 요소란 무엇인가에 대한 논의는 실로 다양하다. 사람이 혼자 살아가면 경쟁력이란 요소는 의미가 없다. 사람과 사람 사이의 접촉에서 경쟁이라는 요소가 싹트는 것이기 때문이다. 개인의 경쟁력을 좌우하는 요인이 상대적 우월성을 갖는 능력이라면 선천적으로는 타고난 지능과 부모로부터 물려받은 유·무형의 자산, 후천적인 노력으로는 축적한 전문적 능력 또는 품성 등을 들 수 있을 것이다. 기업의 경우에는 다른 기업에 비해 수준 높은 기술과 생산력 및 정보력 등이 우월적인 능력일 것이다. 결국은 많은 이익을 낼 수 있는 가능성의 지표인 자본력, 인적 자산, 그리고 이를 조합하여 좋은 상품과 서비스를 만들어내는 기술 및 정보력을 들 수 있다. 통상, 기업의 경쟁력을 측정하는 지표로 기업이 거둔 성과(performance), 기업이 가지고 있는 잠재력(potential), 그리고 기업의 경영 프로세스(process)를 들기도 한다. 이를 달리 표현하면 개인이든 기업이든 다른 개인이나 기업에 견주어 갖추고 있는 상대적 능력임은 두 말할 나위가 없다. 그런 상대적 비교 우위가 도시 간의 경쟁력을 판가름하는 데에 그대로 적용된다. 개인의 경쟁력과 기업의 경쟁력이 도시 경쟁력을 높이는 원인이기도 하지만 반대로 도시 경쟁력이 개인이나 기업의 경쟁력을 높이는 상호 보완적인 역할 관계에 있기도 하다.

도시 자체로도 그러한 비교 우위적 능력이 경쟁력의 근간을 이룬다. 이를 토대로 다른 도시나 지역에 비해 모든 것을 끌어들이는 흡인력이 생긴다. 가장 강력한 경쟁력의 지표는 사람을 끌어들이는 힘이다. 도시 경쟁력은 인구의 사회적 유입으로 먼저 나타난다.

무엇이 도시 경쟁력을 좌우하는 요소인가에 대한 의견은 실로 다양하다. 상대적 기회의 우월이라는 비교 우위적 판단에서부터 집적화의 이익이라는 경제적 판단, 그리고 접촉 가능성의 확대라는 인간의 사회적 본성을 강조하는 것까지 다양하다. 하지만 모든 것들은 '사람들'이라는 것을 전제로 한다. 사람들 사이에서 생기는 기회이고, 사람들과 접촉해서 만들어지는 집적화의 이익으로 결국 모든 것은 사람들이 가치 있다고 판단하는 것에 의해 경쟁력이 좌우되는 것이다.

사람들이 가치 있다고 판단하는 가장 근원적인 요소란 무엇인가라는 질문도 그냥 지나칠 수 없는 중요한 화두이다. 개인이든 기업이든 도시든 국가든 모든 부문들이 경쟁력 있다고 판단하는 공통적 요인이 무엇인가이다. 많은 논란에도 불구하고 공통 분모는 생산성이라고 말할 수 있다. 다른 개인이나 기업, 국가, 도시들에 비해 적은 노력(자본, 노동, 정보 등)을 들여서 더 큰 성과를 내는 것이야말로 모든 부분들의 경쟁력을 판단하는 핵심 요소라고 할 수 있다.

3. 도시 경쟁력

도시 경쟁력이 무엇을 의미하는가에 대한 정의 또한 다양하다. 경제적 요소와 사회적 요소가 도시 경쟁력을 좌우한다는 견해에서부터[1] 혁신적이고 유연한 경제체제와 수평적인 네트워크가 도시 경쟁력의 주요 요소라는 의견까지[2] 다양하다. 월드뱅크의 정의에 따르면 경쟁력 있는 도시란 도시의 기업과 산업이 성공적인 일자리를 만들고, 생산성을 높여 결국 시민의 소득을 늘리기 쉽게 하는 도시라고 정의내리고 있다.[3]

도시 경쟁력은 다른 도시들보다 더 나은 가치(Value)를 소유하고 있는지에 의해 결정된다(Eroglu & Yalcin, 2014). 그 가치가 무엇인지에 대한 견해는 위에서 살펴본 바와 같이 경제적 · 사회적 · 문화적 · 환경적 요소 등 모든 분야를 포괄한다. 도시를 더 가치 있게 만드는 주요 행위 주체는 도시 정부다. 도시 정부의 경쟁력을 구별하는 요소를 도시 정부가 가지고 있는 역량으로 본다면 인적 · 재정적 · 제도적 역량의 차이에 따라 도시 정부의 능력에 차이를 가져온다. 이러한 역량 차이가 지역 경제와 지역 주민의 삶의 질에 영향을 미친다.[4]

도시가 경쟁력이 있도록 만드는 요소를 구별하여 나누면 행위 주체인 사람과 그 결과물, 그리고 행위들이 이루어지는 공간과 제도라 할 수 있다. 즉, 도시에서 각각의 행위 주체들이 활동하는 데 기준이 되는 제도와 그 제도를 만들어 내는 지도자, 그 결과물인 도시 인프라, 그리고 모든 행위의 터전이 되는 공간인 토지로 구분된다. 이 네 가지 요소가 도시 경쟁력을 만드는 원천이라 할 수 있다.

---

1) 권태형 · 박종하, 사회적 자본이 도시 경쟁력에 미치는 영향분석, 지방 정부 연구 제14권 제3호, 2010.
2) 김정호, 창조 도시의 도시 경쟁력 메커니즘에 관한 연구, 한국 도시 행정학보 제26집 제1호, 2013.
3) Competitive cities for jobs and growth, WB, 2015.
4) 최종빈, 도시 정부 경쟁력이 지역 경제 성장에 미치는 영향, 행정논총 제4호, 2018.

4. 도시 경쟁력을 결정하는 네 가지 요소

가. 도시 인프라(충분하고 수준 높은)

도시 경쟁력에 영향을 미치는 키워드 중 하나는 '도시 인프라'이다. 도로, 교통, 상·하수도, 전기, 통신, 가스, IT, 정보화 네트워크 등 도시 기간 시설물들은 산업 활동의 기반이자 시민의 삶의 질을 좌우하는 물리적 요소다. 도시 네트워크의 질은 도시 내에서 활동하는 행위 주체들의 비용에 영향을 미치는 주요 요소이기도 하다. 따라서 도시 인프라는 충분하고 수준 높게 공급되고 유지되어야 한다.

서울의 경우 상·하수도는 1995년에 들어서 보급률 100%를 달성하였고, 도로와 교통, 주택 및 생활 라이프 라인 등은 2010년 초반까지 늘어나는 수요에 적극적으로 대처하고 있다. 전기 또한 지금까지 늘어나는 수요에 충분히 대처하며 공급하고 있다.

나. 제도(포용적 정치·경제 제도)

산업과 기업은 그 공간에서 운영되는 제도에 의해 큰 영향을 받는다. 특히, 활동하는 행위자들이 유연하게 개인의 창의력을 충분히 발산할 수 있게 하는 제도를 포용적 제도(Inclusive Institution)라고 하는데, 이 제도는 대런 애쓰모글루(Daron Acemoglu)와 제임스 로빈슨(James A. Robinson)이 말하는 포용적 정치·경제 제도와 유사하다. 시장의 기능이 존중되고 기술 혁신이 이루어지며 개인이 재능을 최대한 발휘할 수 있는 비배제적, 비배타적인 제도 아래서 산업과 기업이 최대한의 성과를 내는 것이다. 이러한 제도를 만들고 운영하는 사람이 바로 경쟁력 있는 지도자다.

다. 사람(역량 있는 지도자)

경쟁력 있는 도시를 만드는 데 적합한 지도자는 바로 포용적 시스템을 설계하고 운영할 수 있는 이념적 지향과 능력을 보유한 자다. 도시를 운영하는 지도자의 철학, 능력, 자질은 시장(Market)을 존중하는 이념을 가진 자다. 포용적 경제 제도는 포용적 시장을 만들어 낸다. 이 제도는 사유재산이 존중되고 경쟁의 기반 하에 자신의 능력을 최대한 발휘하여 그 결과까지도 본인이 책임지는 공정한 경쟁이라는 원칙을 통해 확립된다. 이런 제도를 이해하고 받아들일 수 있는 지도자를 가진 도시가 경쟁력 있는 도시가 되는 것이다.

기업, 산업을 포함한 도시 내 행위자들의 소통과 협력을 이뤄낼 수 있는 능력을 가진 소통 협력자, 도시가 해결해야 할 문제에 대해 지속적인 자문을 통해 민관 협력 프로젝트를 구성하고 산업을 지원하는 지원자, 그리고 지속적으로 도시 인프라에 투자를 진행하여 산업 활동의 기초를 제공하고 기술 교육을 통해 산업에 필요한 인력을 공급하는 공급 실천자로서의 자질을 갖춘 지도가가 도시 경쟁력에 긍정적 영향을 미친다. 이런 역량을 가진 자가 진정한 도시의 지도자라 할 수 있다.

라. 공간(가치 있는 땅)

공간이라는 요소가 없으면 도시 경쟁력을 논할 수 없다. 도시가 경쟁력을 계속 유지하기 위해서는 경제·사회적 가치가 있는 공간이 지속적으로 공급되어야 한다.

도시는 경제·사회적 가치가 있는 공간을 지속적으로 요구한다. 가치 있는 공간의 토지공급방식 형태는 통상 다음 3가지 형태로 진행된다.

제1단계는 평면 확장이다.

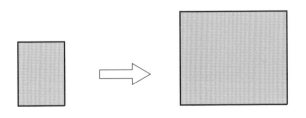

서울의 경우 1910년대부터 1980년대까지의 시기가 이에 해당한다. 이 방법은 가능하다면 일정 범위까지는 가장 바람직하고 쉬운 방법으로 확장이 가능하다. 그러나 평면 확장은 한계를 갖는다. 물리적인 것 말고도 집적이익의 감소라는 한계가 있다. 서울의 경우 평면 확장은 한계에 부딪혀 1980년대 이후 새로운 국면을 맞는다. 그 대안으로 탄생한 것이 도시의 입체화다.

제2단계는 입체화다.

지상과 지하로의 공간 확장 방법이다. 1980년대 이후 서울의 고밀도화에 따른 공간 수요에 대응하는 방법은 입체화였다. 지상의 고층화와 지하 공간의 활용이 그것이다. 그러나 공간의 입체화는 평면 확장보다 더 큰 비용이 소요되며, 고밀도화에 대한 추가적인 기회비용도 발생한다. 결국 이 방법 또한 한계를 가질 수밖에 없다. 입체화로도 무한정의 공간을 제공할 수 없기 때문이다.

그렇기 때문에 제3의 방법이 필요하였다. 그 방법은 평면 공간 중에서 상대적으로 덜 가치 있는 공간을 더 가치 있는 공간으로 변화시키는 것이다.

제3단계는 기존 평면 공간의 부가가치화다.

이런 노력은 2000년대부터 시작되었다. 쓰레기 산이었던 공간을 시민 공원으로 탈바꿈시킨 월드컵공원 사업이나, 뚝섬의 공장 지대를 동북 지역의 허파로 바꾼 서울숲 사업 등이 여기에 해당한다. 하지만 이 경우는 소극적 변화이다. 하나의 기능을 보다 가치 있는 기능의 공간으로 변화시키는 데에 머물렀기 때문이다.

사고 체계를 변화시켜보자. 한 가지 기능으로 사용되는 공간에서 두 가지 이상의 기능을 사용하는 공간으로 변화시키는 방법이다. 이것은 평면의 확장이기도 하고, 입체화이기도 하며, 그 공간의 가치를 더 높이기도 하는 세 가지 방법을 모두 포괄한다. 단순 도로 또는 철도 기능은 지하 공간이 담당하고 지상의 평면은 입체화와 더불어 도시 경쟁력에 더 부합하는 공간으로 제공하는 것이다. 경부선 철도 도심 구간 지하화, 강변도로 지하화를 통한 새로운 부가가치를 창출하는 방법이다. 새롭게 창출되는 공간을 서울의 도시 경쟁력을 확장시킬 수 있는 공간으로 제공하는 방법이다.

인프라, 제도 사람, 공간을 4가지 도시 경쟁력이란 관점에서 서울의 공간이 점하고 있던 장소의 과거와 현재, 그리고 미래의 서울 이야기를 풀어가 보자.

제2장

서울의 과거

— Seoul New Frontier —

1. 수렴의 공간

서울이 어느 시점부터 도시로서의 기원을 갖게 되었는가에 대한 확실한 정설은 없다. 또 서울이라는 공간을 어떻게 바라보고 이해하느냐에 따라서 달라진다. 서울을 정치적이고 행정적인 관점에서 보면 수도로서 자리 잡은 조선 시대 성곽도시인 한양이 그 기원으로 설명될 것이다. 더 거슬러 올라가면 삼국 시대 한강 연안에 터 잡은 백제의 수도 한성을 서울의 기원으로 이해할 수 있을 것이다. 또 현재의 서울을 중심으로 지역적 공간을 이해한다면 아마도 한강변에 모여 살던 선사 시대 부족 집단으로 그 기원이 거슬러 올라갈 수도 있을 것이다.

어떤 관점이든 서울이라는 공간은 역사적으로 인간들이 모여드는 수렴의 공간이었음은 부인할 수 없다. 고려 시대 남경이었던 곳에 불과하였던 서울은 조선이 개국한 후, 한 나라의 수도로서 위치를 점하면서 공간의 질적인 변화를 가져왔다. 느리게 진행되던 수렴의 힘이 급격한 속도를 내기 시작하여 오늘날 성곽도시로서의 틀을 형성하게 된 것이다.

서울을 역사적 시점으로 논할 때 수도로서의 역사를 시작한 시점은 누가 뭐라 해도 조선 시대의 한양 천도 시점으로부터 시작할 수밖에 없다.

2. 조선 시대의 서울

1395년 조선의 수도로 한양이 낙점되었다. 고려 시대 남경의 지위를 가지고 있던 한강 부근의 촌락이 갑자기 한 나라의 수도로 격상된 것이다. 자연적인 공간의 변화가 아닌 일시적인 외부 힘에 의한 변화가 시작된 것이다. 수도로서의 지위를 갖는다는 것은 한 나라의 지배 세력이 살아가야 하는 터전이 된다는 뜻이다. 즉, 정치와 경제, 문화 등 모든 분야의 우월적인 지위가 더해지는 것이다. 타율에 의한 수렴의 힘이 작동한 것이다.

제일 먼저 이루어진 일은 궁궐을 신축하는 일이었다. 북악산 자락에 경복궁이 건설되고 우측으로는 사직단이, 좌측에는 종묘가 건설되었다. 종묘와 사직이 건설된 것이다. 수도로서 가장 핵심적인 시설인 정치 공간과 농업 국가로서 나라의 가장 중요한 시설로 하늘에 제사를 지내는 공간인 사직단, 그리고 유교 국가로서 통치의 정통성을 뒷받침하는 근간인 조상에 대한 제례를 지내는 종묘가 설치되었다. 더 중요한 것은 각종 정부 기관들이 들어서고 지배 세력이 살아갈 터전인 가옥과 건물들이 순서대로 자리 잡았다는 점이다. 이런 시설들이 갖추어지는 것과 동시에 기존의 수도였던 개경으로부터 사람들이 몰려들기 시작하였다.

공간 구조의 변화는 초기에 사람의 유입과 건물, 도로의 건설을 급속히 이루었으며, 이런 도시화의 설정은 조선 말기까지 큰 변화 없이 지속되었다. 당시 정도전의 한양 도시 건설 구상은 인구 50만을 수용하는 규모로 이루어졌으나, 1910년대까지 30만을 넘지 않는 규모로 큰 변화 없이 이루어졌다.

가. 조선 시대 서울의 공간 구조

정도전의 도시 구상은 조선 시대를 관통하여 유효하게 지속되었다. 50만까지 수용 가능한 규모로 건설되었으나 조선 시대가 끝나는 시점까지도 인구 규모는 계획의 절반 수준을 넘어서지 못하였다. 그런 의미에서는 정도전은 뛰어난 도시 설계자였다. 설정된 인구 규모 예측을 600년간이나 유지할 수 있었으니, 그 예측력이 놀랍기도 하다.

사실상 그런 예측이 빗나가지 않았던 것은 도시의 확장이 물리적으로 불가능한 형태인 성곽도시라는 점에 있었다. 또 도시가 동서남북으로 낙산, 안산, 남산, 북악산에 둘러싸인 분지에 위치하고 있어서 성곽 바깥으로의 확장이 불가능한 구조였기 때문이다. 이러한 이유로 성곽 내의 도성 사람들이 먹고 살아가기 위한 필수 시설인 시장을 제외하고는 농토나 수산물 시장터는 모조리 성 바깥에 위치하고 있었다. 이는 1861년에 만들어진 〈대동여지도〉 중 '경조오부도'와 '도성도'에 의해 확인할 수 있다.[5]

---

5) 서울, 하늘 · 땅 · 사람, 서울 역사박물관 · 고려대학교 박물관, 2002.

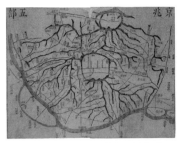

1861년 대동여지도(경조오부도)   1861년 대동여지도(도성도)

성곽으로 둘러싸인 서울의 도성 안에는 지배 세력과 그들을 위해 일하는 사람들이 살고, 도성 밖에는 소작인들이 당시 지배 세력에게 주어진 토지들을 각자 주인들의 이름으로 경작하는 전답과 이를 경작하기 위해 살고 있는 소작인들의 가옥들이 산재해 있는 그런 구성이었다. 정치와 농업이 그 시대 일상생활 대부분을 점하는 사회였으므로 모든 도시의 기능은 그 두 가지 기능을 수행하기 위해 작동되었다. 따라서 상업이나 공업의 확장적 힘은 전혀 작동되지 않았다. 농업 생산이 모든 국가 기능 힘의 원천인 사회였으므로 도시의 기능 또한 확장이나 수렴의 힘에 작동되지 않았다. 즉, 저생산 저개발 사회였던 것이다. 따라서 도시의 기능도 저생산 구조에 순응하여 기능하는 것만으로 충분하였다. 이런 상태는 600년간이나 지속되었다.

나. 조선 시대 서울의 경쟁력

이런 사회적 구조가 고착화된 상태에서 근대적인 의미의 경쟁력은 찾아보기 힘들었다. 국가를 지탱해 나가는 힘의 원천은 유교적인 철학과 농업이었다. 형이상학적인 측면에서는 가히 철학적인 도시였다. 통치의 철학이 그대로 사람들이 살아가는 철학으로 자리 잡던 사회였다. 당시 서울의 경쟁력은 단연 유교 철학이었다고 말할 수 있다. 사농공상의 철학이었다. 사유나 추상적 관념이 실질보다 우위에 서는 시기였고, 관념이 사람들의 일상생활 욕구를 제압하고 짓누르던 시대였다.

빈한한 삶이 인생 최고의 선(仙)으로 취급되고, 철학적인 압제가 일상 생활을 지배하던 시대에서 경쟁력의 근간인 경제적 이익을 추구하는 행위는 악으로 간주되었다. 도시의 활력인 경제 활동은 극히 제한적이었다. 정부의 관허 시장인 종로 육의전에서 거래가 그나마 이루어지고 있던 경제 활동에 불과하였다. 조금씩 싹트던 인간 욕구의 핵심이면서 경쟁에 의한 거래 시장이었던 난전은 정조에 의해 발아도 하기 전에 그 뿌리가 뽑혔다. 금난전권은 관으로부터 유일하게 허가를 받은 상점인 육의전 상인들에게 부여되었다. 자생적으로 탄생된 부가가치 공간이 금지된 것이다. 따라서 부가가치를 산출하는 공간으로서의 서울이 아닌 소비도시로서의 서울로 고착화되었다.

소비는 소비한 만큼의 만족만을 준다. 추가적인 생산이 이루어져야 추가적인 소비의 만족을 줄 수 있다는 진리를 유교 사회는 인지하지 못하였다. 농업을 기반으로 한 국가였던 조선은 '뿌린 대로 거둔다'는 인과응보적인 철학적 관념이 지배하던 사회였다. 부가가치를 창출하는 것은 악이었다. 뿌린 만큼만 취할 일이었다. 서울 또한 그런 철학이 지배하는 공간이었다.

다. 경쟁력의 한계

1) 타율의 도시

타율은 가치 지향적인 삶을 포기하게 만든다. 현실에 안주하게 만드는 것이다. 서울은 시작부터 성곽으로 한정된 도시였다. 아무리 팽창하고 싶어도 성곽을 넘어서 확장할 수 없는 물리적 한계를 가지고 출발하였다.

2) 확장의 제한

서울의 공간적 범위는 1392년 조선이 성립되고 일본에 의해 멸망하기 전까지 단 한 뼘도 늘어나지 않았다. 이는 세계 도시 역사상 전무후무한 일이었다.

공간이 확대된 것은 일제 강점기가 시작된 후인 1912년이었다. 600년간 한양의 면적은 물론, 인구도 30만 명 미만으로 정체되어 있었다. 인구가 증가하기 시작한 것도 청일 전쟁에서 일본이 승리한 후, 일본이 실질적으로 조선에 대한 지배력을 확장하던 시기와 맥을 같이 한다.

3) 시선의 제한

성곽에 갇힌 것은 사람들의 활동 영역만이 아니었다. 세상을 바라보는 시선 또한 성곽 너머로까지 이어지지 못하였다. 길은 한강까지 이어져 있었지만, 한강은 배를 이용한 교통로에 불과하였고, 지방에서 생산된 물산들을 싣고 내리는 포구였으며, 자연 풍광을 그림으로 그리고 시로 읊는 겸재 정선(謙齋 鄭敾)의 예술적인 공간에 불과하였다. 다른 서구의 도시들이 강을 생활 터전으로 인식한 것과 달리, 조선 시대의 한강은 그저 통과의 장소, 정신적 만족을 제공하는 장소에 불과하였다.

타율과 제한은 일제 강점기에 들어오면서 경제 활동의 활성화와 함께 어느 정도의 자율과 확산으로 이어졌지만, 시선의 제한은 일제 강점기에도 그대로였다. 시선의 제한이 성곽을 벗어나기는 했지만, 한강으로까지 나아가지는 못하였다.

3. 일제 강점기

조선 시대 서울이 소수의 지배층을 위해 봉사하는 성곽형 도시라는 중세 시대적 특성을 지니고 있었다면, 일제 강점기는 타율에 의한 도시의 근대화가 이루어진 시기라 할 수 있다. 물론 조선 시대에도 계획이라는 개념이 없었던 것은 아니다. 궁궐과 사직단, 그리고 종묘라는 통치 3요소의 건설은 세심한 계획의 산물이었다. 마찬가지로 일제 강점기 초기의 서울은 통치를 위한 건물들의 신축과 철도 및 도로를 건설하는 것으로부터 시작되었다.

일제는 가장 먼저 총독부 청사를 신축하였다. 1907년 남산 기슭에 있던 왜성대를 통감부 청사로 전용하였고, 1926년에 경복궁 흥례문 일대를 철거하고 총독부 청사를 신축하였다. 남산에 조선 신궁을 지은 것은 1925년이다. 조선의 토지 조사 사업을 추진하기 위한 기관인 조선 식산 은행은 1918년에 이미 건설되었다. 이어서 경성부 건물을 1926년에 신축하였다.

통치체제 구축을 위한 기관 건축과 병행하여 제도적인 개혁이 실시되었다. 그중 대표적인 개혁은 서울 성곽도시에 대한 일대 변화인 도로 건설과 도시 계획 사업이었다. 그 시초는 1912년부터 추진된 경성시구개수(京城市區改修) 사업이었는데, 이는 도로 개설·확장 사업부터 출발하였다. 통치를 위한 근대화 일환으로 추진된 도로 개설 사업은 서울 일대를 변모시키는 계기가 되었다. 보·차도가 분리되어 설치되고, 전주와 가로등이 세워졌으며, 도로에는 전석(벽돌)이 깔렸다. 이는 1915년에 개최되는 서울 만국 박람회를 준비하는 일환이었으며, 일본 통치의 근대성을 해외에 선전하려는 통치 기술 중의 하나였다.

시구개수계획의 핵심은 4대문 도성 공간에 격자형 도로를 만드는 것으로 도성 공간 구조의 일대 변화였다. 남대문에서 남대문 정거장(서울역)을 잇는 서울의 관문도로 일대를 정비하는 것으로부터 시작한 도로 개설 및 정비 사업은 현재 서울 4대문 내 도시 모습의 근간을 형성하게 된 격자형 도로 개설 사업이었다.

경성부에 의해 추진된 도로 개설 사업은 1920년대에 들어오면서 도시 계획이라는 관리 방법으로 발전하게 되었다. 일본 본토에서 1919년에 제정된 도시계획법을 경성에서도 시행하고자 1921년에 경성도시계획 연구회가 발족하였다. 이 연구회에는 20명의 간사와 경제인들이 주축인 50명의 회원으로 구성되었다.

가. 1921년, 도시의 1차 확대

1921년에는 경성의 공간이 최초로 확대되었다. 600년 만에 서울의 공간이 확대된 것이었다. 기존 4대문의 안쪽 구역에서 용산 일대까지 행정 구역이 확대됨으로써 4대문 구역의 가로 정비와 발맞추어 인구 증가가 시작되었다. 아무래도 도시화가 진행되면 경제적 기회도 증가하여 사회적

이동 역시 증가하기 때문이다. 자연적 증가와 함께 급속도로 사회적 인구 증가가 이루어졌다.

인구 증가에 따른 제반 수요 증가 중에 단연 으뜸은 주택이었다. 주택 수요 증가에 대응하여 4대문 외곽 지역에 대규모 주택 단지 조성이 이루어지기 시작하였다. 주택 단지의 조성과 함께 경성의 행정 구역 확대 논의도 자연스럽게 뒤따랐다. 1926년에 '대경성계획'이 발표되었다. 이는 사실상 도시의 확장 구상이었다.

나. 1936년, 도시의 2차 확대

1926년에 발표된 '경성도시계획 구역 설정서'는 서울을 동서와 동남부로 확대하는 구상이었다. 이 구상이 확정된 것은 1936년 4월이었다. 경성부 행정 구역이 공식적으로 4대문 도심 반경 6km 지역까지 확대된 것이다. 물론 6km 반경을 벗어난 영등포 지역도 경성부 행정 구역에 포함되었다. 이로써 서울은 4대문 도심부와 용산 권역, 그리고 서쪽으로는 홍제천까지, 동쪽으로는 중랑천까지 확장되었으며, 동남쪽으로 한남 지역과 남쪽으로는 영등포 지역으로 확장되었다.

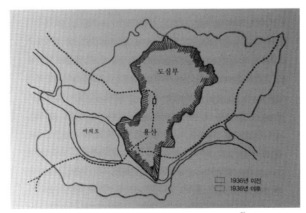

1936년 이전과 이후의 서울 확장 경계[6]

---

6) 염복규, 『서울의 기원 · 경성의 탄생』 이데아, 2016, p.132.

이는 4대문과 지금의 용산, 마포, 서대문, 은평 일부, 한남, 왕십리, 청량리, 이문동, 휘경동, 영등포 지역을 아우르는 넓이였다. 이 경계는 해방 이후에도 상당 기간 이어졌다. 당시 도시 확장을 가져오게 한 힘은 주택에 대한 폭발적인 수요였다. 공업 지대인 영등포를 제외한 나머지 확장 지역은 급격한 주택 수요 증가에 부응하여 대규모 주택 단지가 건설되었다.

4. 인구 폭발과 도시 문제

해방과 함께 곧바로 이어진 6·25 전쟁은 600여 년간 이어져 온 도시를 한 순간에 파괴시킴으로써 커다란 질적 변화를 가져오게 하는 전환점이 되었다. 전란으로 인한 도시의 파괴 후 계획적 건설이라는 긍정적 에너지보다는 무질서한 확장이 이어졌다.

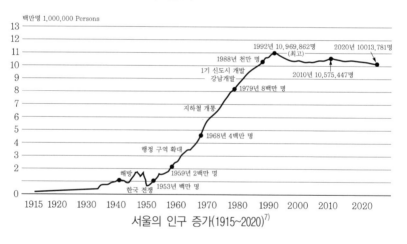

서울의 인구 증가(1915~2020)[7]

1953년 휴전 당시 서울의 인구는 약 100만 명이었다. 그러나 1960년 245만 명으로 7년 만에 150만여 명이 증가하였다. 인구의 폭발적 증가는 도시에 많은 문제를 불러왔다. 그중 가장 큰 문제는 역시 주택 문제였다. 도심 속, 빈 땅은 물론 구릉지와 산, 임야 가리지 않고 무허가 주택들이 증가하기

---

7) 서울 아카이브에서 인용.

시작하였다. 이에 따라 도시의 삶의 질은 열악해지고 도시 기반 시설은 늘 부족하였다. 주택 문제뿐 아니라 교통, 상·하수도, 위생, 일자리에 이르기까지 복합적인 도시 문제가 폭발적으로 증가하기 시작하였다.

특히, 주택 부족과 불량 문제는 심각하였다. 주택 수는 가구 수의 50% 정도밖에 이르지 못하였고, 주택 중 최소 1/3이 판잣집이었다. 상수도 보급률은 공식적으로 56%로 집계되었지만, 그마저도 시간제 배급을 하였다. 또한 도로율은 8%에 불과하였다. 당시 서울은 동서 16km의 길이에 면적은 268km^{2}이었다. 서울 안에서의 출퇴근 시간도 평균 2시간이 소요되었다. 오수 및 하수는 자연 하천으로 그대로 방류되어 위생 문제를 일으켰다. 학교는 턱없이 부족해 천막을 사용한 임시 학교를 운영하였고, 오전과 오후 2부제 수업으로도 학생들을 전부 수용할 수 없었다. 시민 대부분은 일거리가 없어 거리를 배회하였고, 범죄 또한 만연하였다.

증가하는 인구를 수용하기 위하여 서울시는 기존 시가지의 고밀도화(예 세운상가 개발) 또는 연접 지역의 계획적인 개발(예 서교, 동대문, 면목, 수유 등 토지구획정리사업)을 추진하였다. 하지만 이러한 방식 역시 폭증하는 인구를 수용하기에 역부족이었다. 예를 들어, 1960년 매년 평균적으로 298,780명의 인구가 증가하였으므로, 최소 50,000호(가구당 6인 기준) 이상의 주택과 이를 서비스할 각종 기반 시설이 갖추어져야 했는데, 위의 방식들로 공급할 수 있는 주택 및 기반 시설은 수천 호에 불과하였다. 따라서 대규모 신규 시가지 개발의 필요성을 깨닫게 되었고, 이를 통해 각종 도시 문제 해결 방안을 모색하게 되었다. 1970년대에 들어와서 인구는 600만 명을 초과하였다.

가. 서울시 행정 구역의 확장 및 강남 개발

1960년대 초, 서울의 인구 증가로 인한 도시 문제가 계속 심각해지고, 특히 서울의 인구 밀도가 평균 100명에 다다르면서 서울시는 행정 구역을 2배로 확대하였다.

서울의 행정 구역 확장[8]

이를 계기로 주변의 비도시 지역이 서울시로 편입되었고, 대규모 신규 시가지 개발에 대한 구상이 시작되었다. 1966년에는 강남개발계획이 담긴 '서울도시기본계획'을 발표하였다. 강남 개발은 '서울시 인구 분산 정책'과 함께 한강 이북 40%, 한강 이남 60%로 인구를 분산시키는 것을 목표로 하였다. 이로써 현재와 같이 한강을 중심으로 동서남북 펼쳐진 서울의 행정 구역으로 확대되었다.

나. 처절한 도시 문제 해결의 역사

서울의 역사는 한 마디로 '급증하는 도시 문제를 해결하는 것,' 그 자체였다고 말할 수 있을 것이다. 교통, 주택, 도로, 상·하수도, 전기, 가스, 환경, 일자리 등 도시 문제를 해결하고 수준 높게 관리하는 일이 전부였다 해도 과언이 아니다. 이러한 과제 해결은 인구 급증 시기에는 서울에 닥친 엄중한 도전이었고, 이를 해결하는 일은 처절한 투쟁이었다.

도시 문제 해결을 위한 처절한 투쟁의 역사를 기술하면 다음과 같다. 1960년대 이후, 서울의 도시 문제 해결을 위해 추진된 주요 정책을 중심으로 구분하여 기술하고 있는 서울연구원의 자료를 토대로 설명하고자 한다.[9]

서울의 발전 단계는 크게 3단계로 나누어 볼 수 있다.

---

8) 강명구, 강남 개발, 서울 아카이브.
9) 서울연구원의 서울 아카이브에서 인용.

1) 1960~1970년대

대규모 인구 유입과 사회 기반 시설 부족으로 서울은 교통 체증, 환경 오염, 무허가 정착촌, 주택 부족 등 심각한 도시 문제를 경험하였다. 이러한 문제 해결을 위해 서울시는 도로 확충, 무허가 정착지에 시민아파트 건설, 청계 고가 도로 및 여의도 건설 등 기초 인프라 구축에 집중하였다.

2) 1980~1990년대

1986년 아시안 게임과 1988년 올림픽 대회를 유치함에 따라 적극적인 도시개선과 미화 정책이 시행되었다. 한강의 종합개발계획과 한강변에 강변북로와 올림픽대로의 건설, 지하철 2~8호선 개통, 중산층의 폭발적인 주택 수요에 대응한 강남, 목동, 고덕, 개포, 상계 지역에서 대규모 아파트 단지 건설이 이루어졌다. 대규모 인프라 건설 사업으로 서울은 대중교통, 도로, 상·하수도 등 상당한 수준의 도시 기반 시설을 갖추게 되었으나, 무분별한 개발 정책으로 자연환경 파괴, 역사 자원 훼손, 공동체 파괴 등의 부작용을 경험하기도 하였다.

3) 2000년대

IT 기술 발달, 삶의 질 향상에 대한 시민의 요구가 증가됨에 따라 서울의 도시 관리 방식은 지속 가능한 도시, 최첨단 IT 도시로 변화되었다. 청계천 복원, 서울숲 등 광역 단위의 공원 조성 사업이 이루어지고, 서울시 행정 전반에 대한 전자화가 이루어졌다.

이를 3기로 구분하여 시기별로 추진된 주요 정책들을 기술하면 다음과 같다.

제1기. 기반 시설 확충기(1960~1979년)

제1기 기반 시설 확충기는 인구 급증에 따른 도시 기반 시설을 조정하는 것이 가장 중요한 시기였다. 이 시기에는 개발 관련 재정 및 계획 수립, 상·하수도 확충과 도로 및 하천 정비에 집중하였다. 이 시기의 주요 정책 및 사업은 다음과 같다.

주요 도시 개발 계획	강남개발계획(1970) 여의도개발계획(1971)
주요 사업	청계천 복개(1966), 새서울기본계획 발표(1966), 토지구획정리사업법 제정(1966), 구로동 수출 산업 단지 준공 (1967), 청계 고가 도로 건설 (1967), 서울 전차 철거(1968), 한강 남북 입체 교차로 개통(1968), 한 강 주요 다리 개통(양화대교:1966, 한남대교:1969, 잠실대교 :1972, 천호 대교:1974), 3 · 1 고가 도로 준공(1969), 여의도종합개발계획 수립(1969), 개발 제한 구역 지정(1971), 청량리-성북 간 철도 복선 개통(1971), 강남 개발 착수(1972), 서부 위생 처리장 준공(1972), 서 울시 최초의 재개발구역 지정(소공 · 무교 등 12개 구역, 1973), 영 동 · 잠실 지구개발계획 발표(1973), 지하철 1호선 개통(1974), 서 울시 고층 건물 신축 규제(1974), 삼청 지구 성곽 · 숙청문 복원 공사 준공(1976), 난지도 쓰레기 매립지 지정(1977), 아파트 층수 12층 제한 철폐(1977)

제2기. 도시 성장기 (1980~2000년)

제2기 도시 성장기는 기초 도시 기반 시설을 확충한 이후, 도심 환경 개선 사업과 서울 인구 및 기반 시설의 포화를 대비한 시기다. 이 시기에는 서울 시내 부도심 지역 개발, 교통 시설 정비 등에 집중하였다.

주요 도시 개발 계획	한강종합개발 사업 착공(1982), 목동, 상계, 중계동 초고층 아파트 를 중심으로 한 집합 주거 단지 계획(1985), 한강 완전 하수 처리제 실시(1987), 분당, 일산에 18만호 주택건설계획 발표(1989)
주요 사업	영동 지구 구획 정리 사업 완료(1981), 한강 살리기 종합 대책 마련 (1981), 잠실 야구장 준공(1982), 아파트 분양 채권 입찰제 시행(1983), 다세대 주택 법제화(1984), 한강 변 고수부지 공원화 결정(1985), 주택 촉진 종합 방안 마련(1985), 올림픽대로 개통(1986), 양재동 양곡 도매 시장 개장(1988), 도심 재개발에 도심 공동화 방지를 위한 용적률 인센 티브제 도입(1990), 남산 1호 터널 개통(1991), 지하철 2, 3, 4호선 개통(1984~1985), 쓰레기 분리 수거제 실시(1992), 서울 성곽 복원 공 사 완료(1994), 수서-분당 간 도시 고속화도로 개통(1994), 남산 1, 3호 터널 혼잡 통행료 징수 시작(1996), 버스 카드제 실시(1996), 버스 토큰 제 폐지(1999)

제3기. 도시 고도화 및 지속 가능한 발전 (2001~2010년)

이 시기는 하드웨어 중심 정책에서 소프트웨어 중심 정책으로 전환하는 시기라고 할 수 있다. 단순한 전환이 아니고, 소프트웨어를 장착한 하드웨어 완비 시기다. 과거 개발의 상징이었던 청계천 일대를 환경 복원이라는 목표로 재정비하고, IT 기술을 활용한 전자 정부, 대중교통 시스템 개혁 등의 사업에 집중하였다. 특히, 대중교통 개편은 교통 복지를 어떻게 실질적 정책으로 구현하느냐 하는 모범을 보여 주었다.

주요 사업	전자 정부 온라인 민원 처리제 시행(2000), 청계천 복원 사업 완공(2004), 대중교통 시스템 개편(2004), 경유차 저공해 사업(2005), 음식물 쓰레기 종량제 실시(2005), 지하철 스크린 도어 설치(2006~현재), 북 서울 꿈의 숲 조성(2009), 광화문 광장 조성(2009), 에코마일리지 실시(2010), 상암 DMC 완성(2002~2014), 서울 도심 역사 문화 보존(2010~현재), 마곡 지구 조성(2006~현재)

서울의 발전은 위에서 설명한 2010년 초까지였다. 2010년 초반 이후의 서울의 상황은 점차 악화되고 있다.

서울의 문제 해결과 도시의 고도화라는 그간의 성과를 훼손하거나 역행하는 시대착오적 단계에 봉착하였다. 10년간 실질적 도시 기능 회복과 고도화라는 본래의 목적은 상실되었고, 이념적 집단에 의한 정치 실험의 장으로 변모하고 말았다. 하드웨어와 시장 경제는 악의 축이 되었고, 공동체가 강조되었다. 개인의 자유보다는 극단적인 이념을 1,000만 시민에게 강제하는 전체주의적 질서를 심기에 여념이 없었다. 시민 참여라는 거대 담론을 배경으로 모든 시의 정책 분야에서 소수의 시민 단체들이 각종 정책에 간여(干與)하기 시작하였다. 도시 재생, 마을 만들기라는 착해 보이는 이름을 달고 개인이 아닌, 공동체가 아름답고 선한 최종적인 목표인 것처럼 전체주의적 정책들이 탄생되어 집행되고 있다. 또 시 예산의 상당 부분은 복지라는 이름으로 분배 정책에 가장 우선순위를 두고 서울 시민을 공공의 노예로 만들어가는 상황으로 치닫고 있다.

다음 장에서는 과거 30여 년간 처절한 투쟁을 통해 만들어 놓았던 서울의 성과물들이 10년 만에 어떻게 망가지고 있는지를 구체적 정책이나 사례를 들어 살펴보고자 한다.

제3장

서울의 현재

— Seoul New Frontier —

1. 망가진 서울

지금까지 이어오던 서울의 성장 동력은 편향된 정치 집단이 서울시의 권력을 장악한 이후 급속도로 망가지기 시작하였다. 시 정부가 해야 할 일이 무엇인지에 대한 가치관이 정립되지 않은 정치 세력으로 인해 서울의 행정은 10년에 걸쳐 정치로 오염되기 시작하였고, 이제는 돌이키기 힘든 수준으로 망가져 버린 것이다. 2011년 이후 행정적 가치보다는 정치적 이념을 중시하며, 시 정부 권력을 행사한 자들로 인해 망가져 버린 서울을 진단한다.

가. 행정도시에서 정치도시로

정부와 지방자치단체 또는 공공기관 등은 공적인 일처리를 위해 큰 규모의 조직을 운영하며, 분야별로 계층 구조를 갖는 조직을 구성한다. 이는 책임성 때문인데, 정책이 실패할 경우 국민들이 낸 세금이 낭비되는 것을 최소화하기 위한 가장 보수적인 장치인 것이다. 1985년 지방자치단체장 선거가 최초로 실시되기 이전부터 상식에 기초하여 굳건하게 정착된 공공조직의 구조는 외부의 정치적 비효율을 막아낼 수 있는 최후의 방어선이기도 하였다.

선거가 최초로 실시되었던 초창기인 1985년은 물론 2010년 초까지만 해도 정치와 행정의 명확한 구분이 존중되었고, 기존의 행정적 자율성도 그런대로 존중되고 보호되었다. 1기 민선 시장이었던 조순 시장, 행정의 달인으로 불리는 고건 시장, 민간기업에서 잔뼈가 굵은 이명박 시장, 그리고 법조인 출신의 오세훈 시장으로 이어진 시기까지는 행정과 정치의 구분이 서로 존중되었고, 그 한계 영역을 일탈하지 않았다. 또한 정치의 행정 간여 역시 최소화하였다. 행정의 전문성이 존중되는 선에서 정치적인 결정도 이루어졌다. 보이지 않는 상식적이고 합리적인 규칙이 작동했던 것이다. 대의 정치가 존중되었고, 공무 담임을 맡은 공직자 선발 과정은 엄격한 자격과 공정한 절차가 준수되었다. 선거에 의해 선출된 공무원만이 시민을 대표하는 것이 아니라는 사실을 잊지 않은 것이다. 선거가 아닌 엄정한 절차를 거쳐 임명된 공직자 집단 또한 엄밀히 말하면 시민을 대표해서 공무 담임권을 부여받은 것이라는 사실이 존중되었기 때문이었다.

그러나 이러한 대원칙은 2011년 서울시장 보궐선거 이후 급격히 무너지기 시작하였다. 사실상 소수의 정치 집단이 서울의 4만 5천여 공직자의 공무 담임권을 장악한 것이다. 그 구체적인 사례를 들어보자.

사례 1. 비서 정치의 만연

오세훈 시장의 임기 시기인 2011년까지는 정무직으로 임명되는 시장의 비서실 계약직은 10명 미만이었고, 그 이전에는 서너 명에 불과하였다. 그것도 단순 비서 업무나 운전기사를 포함해서 10명을 넘지 않았다. 그러나 2011년부터는 비서실 직원 수가 20명 가까이 대폭 증가하기 시작하였다. 청와대 비서실 체계를 생각하고 운영한 것이다. 비서실장 산하의 외부로부터 들어온 정무직 비서들이 각 실국을 담당하는 체계였다.

실제 서울의 정책이 어떻게 결정되고 시행되는지, 당시 국장급 간부의 증언을 들어보자. 아래 사항은 전직 간부의 구두 증언을 토대로 재구성한 것이다.

> "어느 날 시장으로부터 업무 지시가 내려왔습니다. 물론 SNS로 왔죠. 저는 그 지시를 받고 휴일임에도 사무실에 나가서 이틀을 꼬박 준비해 보고서를 만들었습니다. 월요일에 출근하자마자 시장실 보고 일정을 어렵게 잡아 시장에게 해결 대안과 방안을 보고했습니다. 누가 봐도 그 문제는 보고한 바대로 처리되는 것이 상식이었죠. 보고를 받은 시장도 수고했다며 보고대로 처리하라고 말했습니다. 사무실로 돌아온 저는 담당 과장을 불러 시장에게 보고한 방안대로 시행할 것을 지시했습니다. 그러나 몇 시간이 지나고 비서실 직원으로부터 전화가 왔습니다. 제가 보고한 건에 대한 시장의 뜻은 이러이러하니 그 방향으로 처리하라는 전화였습니다. 어이가 없었습니다. 시장의 지시가 비서실 직원에 의해 재해석되고 수정되는 것이었죠. 그 당시에 제가 어떻게 반발할 수 있었겠습니까?"

이것만으로 끝나지 않았다. 개방직과 계약직의 확대다. 계약직은 총액 인건비제가 시행된 이후 정치적인 임명을 위한 통로로 활용되었다. 사무관인 5급 이하의 경우에는 인건비 총액과 직급별 정원을 초과하지 않는 한 계약직으로 전환하여 임명할 수 있기 때문에, 그 방법을 적극 이용하여 시민 단체나 당과 관련된 사람들을 임명하는 것이다. 그 숫자는 구체적으로 확인할 수 없지만, 200명 가까이 된다고 증언하는 사람도 있다. 대부분 서울의 정책들이 그 정치 집단에 의해 좌지우지되고 있었다. 개방직은 2011년 이후에 새로 만들어진 조직이나 공사·공단 등에서 이루어졌다. 특히, 외부에 잘 드러나지 않는 산하 출연, 출자 기관 등에서는 개방직과 계약직 제도를 통해 많은 수의 진영 사람들이 정치적인 연계로 임명이 되었다.[10]

사례 2. 특정 당 서울시 지부로 전락

이 경향은 2011년 이후에 급속히 진전되었다. 조순 시장이나 고건 시장의 경우 당과의 연결은 거의 없었다. 당으로부터의 인사 요구나 업무 관여는 외압이라는 인식이 강했기 때문이다. 또 당 출신 인사들을 시 공무원으로 임명하는 사례는 정무직인 정무부 시장이 거의 유일했고, 시장의 비서실이나 정무부시장실의 인원 구성도 기존 공무원 중에서 선발하였다. 행정이 정치에 예속되면 어떤 일이 일어나는지를 너무도 잘 알고 있었기 때문이다. 그만큼 당시에는 보이지 않는 행정 독립이 어느 정도 지켜졌던 것이다.

그러나 2011년 이후, 서울시 공무원으로 당과 시민 단체에서 많은 수가 유입되었다.[11] 행정이 정치에 예속되기 시작한 것이다. 행정이 정치에 예속된다는 의미는 특정 정치 집단에 속하지 않으면 시 정책에서 소외될 가능성이 크다는 것을 의미하며, 시 정책에 참여할 수 있는 일반 시민들의 권리가 제한되는 것을 의미한다. 행정이 특정 정치 집단과 그 집단 구성원

---

10) 이 부분은 여러 전직들의 증언으로부터 재구성한 것이다. 구체적인 숫자를 현재로는 확인하기 어렵다는 것을 밝힌다.
11) 임기제 등을 통한 선발, 출자·출연 기관의 선발, 공모직위, 개방직 등은 합법적 절차를 통해 선발되었지만, 대부분 해당 진영의 인사들 중에서 충원된 것으로 추측된다.

들의 이익에 봉사하게 되는 것이다. 시민 전체의 복리를 위한 정책이 결정되고, 집행되어야 마땅한 과정 속에 정치 개입이 최소화되어야 하는 이유가 여기에 있는 것이다.

사례 3. 비전문가의 전횡

2011년 이후에 임명된 사람 중에는 그 분야에 전혀 문외한 사람도 많았다.[12] 눈에 보이는 공사·공단과 출자·출연 기관의 사장과 이사장, 대표들은 대체적으로 그 분야에 전문성을 갖춘 인사들로 임명하였으나, 눈에 잘 띄지 않는 하부 조직 구성원들은 정치적인 통로를 따라 임명되는 사례가 많았다.

나. 경제도시에서 이념의 도시로

서울이 서울이라 할 수 있는 가장 핵심적인 이유 중의 하나는 대한민국 경제 중심지로서의 역할을 꿋꿋이 수행해 오고 있다는 데에 있다. 그 저변에는 서울시라는 공공기관의 역할이 자리하고 있다. 경제 주체들이 각자의 기능을 제대로 수행할 수 있도록 서울시가 도시 기반 인프라를 설치·확대하여 제대로 된 기능을 할 수 있도록 철저한 관리를 해 오고 있었기 때문에 다양한 경제 주체들이 자기 책임하에 경제 활동을 해올 수 있었다.

이제 서울은 대한민국의 중심으로서 서울이 아닌, 세계 속에서 경쟁하여 국민들에게 미래의 먹거리를 제공하는 공간적 가치를 갖는 의미로 탈바꿈되었다. 경제도시라는 가장 중요한 기능을 빼고서는 더 이상 서울을 말할 수 없게 된 시대로 접어든 것이다.

그러나 10년 전부터 서울은 본래의 기능을 다 하지 못하는 정치 편향의 시대, 암울한 이념의 공간으로 바뀌는 시기를 맞이하고 있다. 그 징후와 증거들은 차고 넘치지만, 지면상 몇 가지 대표적 사례만 거론해 보겠다.

---

12) 많은 시민 단체 출신들이 임기제(예전 계약직) 등을 통해 유입되었다는 증언을 토대로 기술하였다.

사례 4. 자기 진영을 위한 행정 조직 사용

가장 극단적인 사례는 바로, 자기 진영을 위한 행정을 한다는 데 있다. 먼저 자기 진영의 인력을 서울시 전반에 배치한다. 개인 기업이나 사업자가 사람을 쓰는 것이라면 그 누가 뭐라고 하겠는가? 문제는 공적인 일을 처리하는 공공업무에 이념적으로 편향된 인물들을 시민의 세금으로 월급을 주면서 서울시 곳곳에 배치해 놓았다는 것이다. 그 방법으로 제일 먼저 조직을 개편함으로써 자기 진영 사람들을 배치할 수 있도록 공간을 만든다. 조직을 만드는 것부터 시행하는 것이다. 2021년 현재 서울시 조직을 살펴보자.

서울시의 2021년 조직도이다.

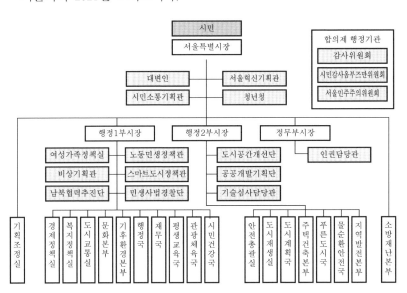

눈에 뜨이는 조직을 살펴보자. 서울민주주의위원회, 서울혁신기획관, 시민소통기획관, 남북협력추진단, 노동민생정책관, 청년청, 인권담당관, 도시재생실 등이 눈에 뜨인다. 10년 전만 해도 없었던 조직들이 만들어진 것이다.

우선 서울민주주의위원회를 보자.

서울민주주의위원회는 합의제 행정 기관이다. 2019년 위원장을 포함한 위원 15명으로 만들어졌으며, 20여 년간 시민 단체 활동을 한 인물이 맡고 있다. 이의 업무를 처리하기 위한 조직으로 2개의 과가 설치되었다. 합의제 행정 기관으로 설치된 이 조직은 시민 참여 예산을 운영하는 것을 주요 업무로 하고 있다.

서울혁신기획관은 46명으로 구성되어 있다. 지역별 혁신 센터와 도시전환랩이라는 특이한 거점을 운영한다. 공조직이 사설 조직과 같은 조직의 집합체 역할을 하고 있는 것이다.

시민소통기획관은 언론 담당 조직이다. 135명으로 이루어진 거대 조직이 언론과 미디어 브랜드 홍보를 담당한다. 이곳에는 많은 진영의 인력이 참여하고 있는 것으로 추정된다.

남북협력추진단은 30여 명의 직원으로 구성되어 공개적인 퍼주기를 추진하는 공식 조직이다. 북한이 받아주기만 한다면 한정 없이 모든 지원을 아끼지 않을 조직이 공개리에 만들어졌다.

노동민생정책관 또한 50여 명의 직원으로 구성된 정식 조직이다. 기존 1~2명이 담당하던 업무를 국 단위로 확대한 것이다.

청년청은 어떤가? 청년을 위한 별도 조직이 만들어져 있다고 칭찬할 일인가? 27명으로 구성된 이 조직이 하는 일은 청년 수당을 지급하는 일이다. 3만 명에게 6개월간 50만 원씩을 지급한다. 예산은 1,400여 억이다.

인권담당관은 시 및 산하 기관 구성원들에 대한 인권 교육을 실시하는 것이 주요 업무다. 물론 인권 침해 위반 사례에 대한 고발 등도 이루어진다. 주요 내용은 종교적 차별 방지지만 주로 특정 종교 전파 및 포교 또한 인권 침해의 범주로 본다는 데에 논란이 있을 수 있다.

도시재생실은 1급을 실장으로 195명의 인력이 배치되어 있다. 재건축이나 재개발을 하는 대신에 기존 주택 밀집 지역의 골목 환경 개선을 주요 사업으로 운영하는 조직이다. 물리적 환경 개선과 함께 소위 공동체 마을

문화 사업을 병행하고 있다. 자기 진영 사람들만의 예산 잔치 현장이다.

이러한 사업들을 총지휘하는 컨트롤 타워 역할은 도시공간개선단이라는 조직에서 수행한다. 35명의 인원으로 구성된 도시공간개선단은 외부 인사인 모 건축가가 맡고 있다. 특이한 사업 중 하나는 고가 하부 공간 활용 사업이며, 고가 도로 하부에 이상한 조형물을 설치하는 것도 이 조직에서 하는 일이다.

이렇게 자기 진영 사람들로 컨트롤 타워가 재구성된다. 또 그들의 진영에 사업을 위탁하면 그들에게 사업 명목의 예산이 지원된다. 돌고 도는 합법적인 예산 빼먹기의 전형인 것이다. 다만 대외적으로 아름다운 명칭만이 덧씌워져 있을 뿐이다. 소통과 인권, 환경과 재생, 민주와 민생, 그리고 평화와 통일이라는 자치단체의 목적과 전혀 어울리지 않을뿐더러, 상식적인 업무 궤적에서 한참 벗어난 가치를 추구하는 현상은 2011년 박원순 시장이 들어오고 난 이후에 벌어진 현상들이다. 즉, 시민들의 생활을 돌보는 일이 아닌 편향된 가치를 위해 공적인 자산인 예산과 조직, 인력이 사용되고 있는 것이다.

이런 현상은 시 본청의 공간에서만 벌어지는 것은 아니다. 25개 자치구로도 확산되어 있다는 게 더 큰 문제인 것이다. 시와 구의 정치 조직과 이에 부응하는 이념적 집단이 한 덩어리가 되어 일반 시민들로부터 걷은 예산을 합법적으로 빼먹고 있는 것이다.

한마디로 표현하면 이념에 기반을 둔 거대한 이익 집단이 되어버린 것이다.

사례 5. 마을기업에 숨겨진 위험

마을기업은 2021년 현재 서울 시내에 108개가 존재한다. 자유주의 경제를 보완하는 의미에서의 사회적기업이라는 좋은 의미로 포장되고 있지만, 그 실상을 들여다보면 전혀 아니다.

마을기업의 근원적 법적 기반은 2012년에 제정된 '협동조합기본법'에 있다. 협동조합은 용역의 구매·생산·판매·제공 등을 협동으로 영위하여 조합원의 공동 이익을 도모하는 데에 있다. 당초에 제정된 협동조합법은 이러한 자발적인 공동 이익을 실현하기 위한 결성체의 활동에 문제가 없도록, 설립 등의 절차를 정하는 것에 주안점이 있었다. 아니 그렇게 포장되었다. 하지만 법의 독소 조항이 숨어 있음은 사전에 누구도 걱정하지 않았다. 문제는 사회적 협동조합과 그런 조합들이 연합 할 수 있도록 규정한 조항에 있었다. 지역 주민들의 권익과 복리 증진이라는 추상적인 가치 지향적 활동을 위하거나, 취약 계층에게 사회 서비스와 일자리를 제공하는 등 영리를 목적으로 하지 않는 부분까지 확대 발전된 데에 있었다.

〈협동조합기본법〉

제2조 제3호
'사회적 협동조합'이란 제1호의 협동조합 중 지역 주민들의 권익 · 복리 증진과 관련된 사업을 수행하거나 취약 계층에게 사회 서비스 또는 일자리를 제공하는 등 영리를 목적으로 하지 아니하는 협동조합을 말한다.

제85조 제1항
사회적 협동조합을 설립하고자 하는 때에는 5인 이상의 조합원 자격을 가진 자가 발기인이 되어 정관을 작성하고 창립총회의 의결을 거친 후 기획재정부장관에게 인가를 받아야 한다.

제95조의 2(공공기관의 우선 구매)
① 「중소기업 제품 구매 촉진 및 판로 지원에 관한 법률」 제2조 제2호에 따른 공공기관의 장은 구매하려는 재화나 서비스에 사회적 협동조합이 생산하는 재화나 서비스가 있는 경우에는 해당 재화나 서비스의 우선 구매를 촉진하여야 한다.

협동조합기본법의 법 조항만을 읽어서는 도저히 그곳에 내재하는 위험성을 알아차릴 수 없다. 숨어있는 위험성을 알아차리기 위해서는 그 방향성을 이해해야 한다. 공동체주의를 지향하는 숨은 배경이 짙게 깔려 있음은 협동조합기본법이 수차례 개정되는 내용을 들여다보면 알 수 있다. 2012년 당시 비영리 협동조합의 설치 절차와 단순한 일반적 지원을 비롯해 예산 지원 근거를 마련하는 것에 그쳤으나, 2014년과 2016년 개정을 통해 비영리 협동조합에서 생산한 용역과 서비스를 국가나 공공단체에서 우선 구매하도록 의무화하는 것으로 진전되었다.

이런 추세는 2013년에 들어와 더욱 노골화되었다. 2013년 신계륜 의원이 소위 '사회적경제기본법'을 발의하며, 당시 새누리당 원내 대표였던 유승민 의원, 정의당 박원석 의원과 함께 공동 발의하기에 이른다. 그 결과 당시 의원 143명이 공동으로 사회적경제기본법을 발의하기에 이르렀다.[13] 경제를 보완하는 개념이 아닌 경제를 대체하는 개념으로 사회적 경제를 전면으로 들고 나온 것이다.

사회적경제기본법은 사회적기업, 협동조합, 마을기업, 자활기업 등 사회적 경제 조직을 지원하고 사회적 경제 생태계를 조성하기 위한 법적 근거와 정책적 기반을 마련하는 내용을 주요 골자로 하고 있다. 이와 함께 사회적 경제 조직들 간 연대와 각 정부 부처에 흩어져 있는 사회적 경제 지원 정책을 통합적으로 운영하는 체계를 마련하는 방안도 담고 있다. 경제개발계획시기에 있었던 계획경제개발모델을 그대로 본 따서 사회적 경제 추진 체계를 마련하기 위한 것이다. 그 주요 내용은 다음과 같다.

▲ 사회적 경제 조직의 정의에 따른 사회적 경제 조직의 열거와 등록제를 통한 보완 ▲ 국가 등의 책무 및 민·관 협력의 강화 ▲ 사회적 경제 조직의 책무 ▲ 기본 계획의 수립과 시행 ▲ 대통령 소속 사회적 경제 위원회의 설치·운영 ▲ 한국 사회적 경제 개발원의 설립 등 중간지원원기관의 설치 및 운영 ▲ 사회적 경제 연합 조직 ▲ 사회적 경제 금융의 정비 ▲ 사회적 경제 발전 기금·지역·민간 기금의 설치 및 운용 ▲ 사회적 경제에 대한 지원 및 육성 ▲ 사회적 경제 조직 간 협력과 연대 촉진 등

당시 사회적경제기본법의 입법 이유에 대해 살펴보자. 사회적경제기본법은 '국가와 시장만으로 건강한 공동체를 만드는 데에는 한계가 있기에

---

13) 143명 의원 명단은 국회 홈페이지 참조.

사회적 가치를 추구하는 사회적 경제 조직들이 자생력을 갖고 지속적인 성장을 위해 사회적 경제의 통합 생태계를 조성하고 통합적인 정책 추진 체계를 구축하기 위한 제도 개선이 필요하다'고 설명하고 있다.

이 법안은 사실상 사회적 경제의 완결판이다. 경제 시스템을 대체하는 사회적 경제 사회로 가는 말 그대로 기본법인 것이다. 이런 취지에 발맞추어 2020년 8월 정부는 사회적기업에 대한 공공기관 의무구매 신설과 함께 공공기관 경영 평가에 사회적 경제 기업과의 협업 실적을 반영하고 지방공기업의 사회적 경제 기업 제품 구매 수의계약도 1억 원까지 확대해 공공판로 개척을 지원하기로 했다.

정부는 이번 지원 방안 실행을 위해 이미 의원 입법안이 발의된 사회적경제기본법, 사회적가치기본법 처리와 함께 판로지원특별법 제정도 추진할 계획이다. 공동체를 지향하는 근거법이 추진되고 있는 것이다. 개인의 자유의지에 터 잡은 경제 활동이 아닌 공동체적, 전체주의적, 사회주의적 집단 의지에 기반을 둔 경제로의 이동이 한 발짝 한 발짝 진행되고 있는 것이다.

이런 상황으로까지 진전된 배경에는 누가 뭐라 해도 2012년에 제정된 협동조합기본법이 가장 큰 핵심적 역할을 했다. 그 이전에는 사회적기업을 정부 차원에서 부분적으로 장려하는 정도에 그치고 있었다. 일부 지원이 있기는 했지만, 출범 당시 한정적 지원을 통해 자립을 달성하는 데에 초점이 맞추어져 있었다. 하지만 2012년 5인 이상이면 누구나 조합을 설립할 수 있도록 완화되었고, 특히 예산을 지원할 수 있는 근거가 마련되면서 기존의 사회적기업이 모든 분야에서 조합으로 대체되는 붐이 일어나기 시작하였다. 이 기회를 틈타 서울 각지에 산재해 있던 소규모 정치적 성향과 이념을 바탕으로 한 소모임들이 조합이라는 제도를 타고 번성하기 시작하였다. 물론 이를 자신의 정치적 이상에 부합한 것으로 판단한 박원순 시장의 적극 장려에 큰 힘을 입기도 하였다. 당시 이 법을 찬성한 많은 국회의원은 본인들이 집권하면 놓칠 수 없는 '진영 만들기' 수단이라는 공통된 이해가 깔려 있었다. 세력의 확장은 돈이라는 필수 수단이 뒷받침되지 않으면 불가능하다는 것쯤은 누구나 이해할 수 있는 상황이었다. 더군다나 지역 공동체의 소외된 취약 계층을 위한 민간주도기업이라는 목적의 정당성 앞에서 대놓고 반대할 만한 명분도 없었기 때문이었다.

하지만 그럴듯한 명분은 그 속에 내재되어 있는 위험이 항상 도사리고 있음을 간과하게 만들었다. 은연중에 개인보다는 공동체가 더 가치 있고 더 존중되어야 할 대상이라는 착각에 빠지게 될 위험성 말이다. 전체가 더 가치 있는 것이라는 인식에 국민의 과반 이상이 동조하는 세상이 될 때, 이미 그 사회에서는 개인의 자유가 말살되고 있기 때문이다.

개인의 자유가 국가의 이익이나 공동체의 가치와 충돌할 때 어느 편에 설 것인가는 서구 사회가 수백 년 동안 흘린 피와 땀의 결과물이자 교훈이기도 하다. 물론 정답은 개인의 자유가 우선되는 것이다.

그러나 이미 그 한계선을 받치고 있던 둑이 서서히 무너지기 시작하고 있다. 지역 공동체라는 선한 용어에 힘입어 소위 비영리 조합, 즉 서울의 경우 마을기업이 우후죽순으로 증가 추세에 있는 상황이다. 서울은 매년 이런 사회적기업 지원과 육성에 400~600억 규모의 세금을 사용하고 있는 중이다. 공동체가 우선시되는 사회가 되면 그 공동체를 운영하는 사람이 모든 권력을 가지게 된다. 국가 또한 국가주의나 전체주의가 심화될수록 권력은 소수의 권력자에게 돌아가게 되는 것이다. 마을기업의 경우 그 숫자와 지원 규모가 증가할수록 그에 대한 지원 권한을 갖는 소수의 공권력 행사자 권력만이 커지는 것이다. 지원 규모가 커진다는 것은 개인의 자유가 그만큼 상대적으로 훼손되고 있다는 의미다. 현재 이를 깨닫지 못하는 사회로 한 걸음 한 걸음 나아가고 있다.

사례 6. 교통 방송의 일탈

서울시 교통 방송은 1990년 라디오 교통 방송으로 출범하였다. 당초 설립 동기는 1988년 서울 올림픽을 앞두고 원활한 교통 정보를 제공하려는 의도로 경찰청에 의해 제안되었으나, 올림픽이 끝난 후 설립되었다. 교통 방송은 서울시의 산하 사업소다. 순수한 교통 정보 제공이라는 목적으로 서울시 조례에 의해 설치되어 서울 시민의 세금을 사용하는 공공기관이다. 조례에 그 목적이 정해져 있듯이 서울 시민에게 교통 정보와 생활 정보를 제공하는 것을 목적으로 하는 특수 방송국으로 출범하였다. 이후 라디오 방송에서 영상인 TV 방송과 문자 방송인 DMB 방송까지 영역이 확장되었다.

〈서울특별시 교통방송 운영에 관한 조례〉

제1조(목적) 이 조례는 시민에게 교통정보를 신속히 전달하여 시민생활 편익을 증진하고, 유익한 생활정보 및 건전한 문화·예술을 보급하여 시민의 삶의 질을 향상시키고자 「서울특별시 행정 기구 설치 조례」 제105조에 따라 설치한 서울특별시 교통방송(tbs)의 운영에 필요한 사항을 규정함을 목적으로 한다.

처음 순수 교통 정보 제공을 목적으로 출범한 공공기관으로서 20여 년을 운영해 오다가 2012년부터 정치적으로 변질되기 시작하였다. 그 첫 단추는 조례상 설치 목적에 '건전한 문화·예술을 보급'하는 것을 슬쩍 추가한 것이다. 이후 2019년 교통 방송의 설립 목적에도 '건전한 문화·예술 보급'을 끼워 넣었다. 이는 문화나 예술의 범위가 사실상 그 한계를 확정하기 어렵고 편향적인 이념을 포장하기에 가장 효과적인 수단이라는 점을 이용한 것이다. 따라서 시장은 인사권과 예산권을 바탕으로 교통 방송을 언제라도 자신의 정치적 목적을 위해 사용 가능하도록 변질시킨 것이다.

〈서울특별시 교통방송 운영에 관한 조례〉

제3조(방송의 편성) 서울특별시장(이하 "시장"이라 한다)은 법 제4조 제3항에 따라 방송편성책임자를 선임하고, 방송편성책임자는 방송 기본편성표를 작성·결정한다.

제8조(외부 제작인력 등) 시장은 필요한 경우 방송의 제작 등에 외부 제작인력(방송제작진·전문진행자·리포터 및 방송 통신원 등)을 참여시킬 수 있다. 이 경우 예산의 범위 안에서 경비를 지급할 수 있다.

제9조(외주 제작) 시장은 여건상 자체 제작이 곤란한 경우에 프로그램을 외주 제작할 수 있다.

〈서울특별시 교통사업특별회계 설치 조례〉[14]

제1조(목적) 이 조례는 교통수단과 교통시설을 개선하고 교통체계를 관리하며, 서울특별시 교통방송을 효율적으로 운영하기 위한 서울특별시 교통사업특별회계의 설치와 운용에 필요한 기본적인 사항을 규정함을 목적으로 한다.

제9조(교통방송운영계정의 세입 및 세출) ① 교통방송운영계정의 세입은 다음 각 호의 수입으로 한다.

　　1. 광고방송 수입
　　2. 일반회계로부터의 전입금
　　3. 국고보조금 및 국가 또는 다른 회계로부터의 융자금
　　4. 기채(기채 : 공채모집) 및 차입금
　　5. 교통방송 재산의 매각대금 및 사용수익금
　　6. 방송사업의 수입
　　7. 그 밖에 회계의 운용에 따른 수입금

② 교통방송운영계정의 세출은 다음 각 호와 같다.

　　1. 교통방송의 운영
　　2. 방송 시설의 설치 · 운영 및 관리
　　3. 교통방송 및 교통문화의 정착을 위한 각종 사업 · 행사의 수행 및 지원
　　4. 방송제작과 방송제작에 필요한 전속단체 및 통신원 등의 운영 · 관리 및 육성
　　5. 기채 · 차입금 및 융자금의 상환
　　6. 방송에 관한 조사 · 연구 및 개발
　　7. 교통소통 촉진을 위한 사업
　　8. 그 밖에 교통방송에 필요한 사업

서울시는 교통 방송 사장을 임면할 수 있으며 매년 일반 회계와 특별 회계를 통해 방송 관련 예산을 집행한다. 사실상 교통 방송은 시장이 인사와 예산의 전권을 쥐고 있는 산하 기관인 것이다.

---

14) 이 조례는 2020년 교통 방송이 재단 법인화되면서 교통 방송을 특별 회계 지원 대상에서 제외하는 것으로 개정(2021년 01월 07일)되었다.

교통 방송의 정치적 편향과 특정 이념 지향에 대한 논란은 1990년대부터 2010년대 초기까지 거의 없었다. 이를 정치적으로 편향되게 운영하겠다는 사악한 의지를 가진 시장들이 없었기 때문이기도 하지만, 그럴만한 용기도 없었기 때문이었다. 기껏해야 부정기적으로 라디오에 출연하여 서울시 역점 정책을 설명하는 수준이었다. 그것도 눈치를 보느라 자주 출연하지 못하였다. 그들은 교통 방송을 악용해서는 안된다는 것을 알고 있었기에 그만큼 기본적이고 상식적인 수준을 나름대로 지키려고, 또 그 한계를 넘지 않으려고 스스로 통제하였던 것이다.

그러나 10년 전부터 상황은 급격히 달라졌다. 편향성 시비가 끊이질 않고 있는 것이다. 정치적이고 이념적인 방송 내용으로 대부분의 사람이 분개하고 있음은 주지하는 바와 같다.

이강택 tbs 대표 "이런 식이면 조선일보야말로 폐간해야"[15]
– 조선일보 · 한국당, tbs 겨냥 공세 수위 높여…
이 대표 "악의적 보도에 분노"

서울시가 운영하는 tbs 교통 방송에 조선일보 · 자유한국당 공세가 거센 가운데 이강택 tbs 대표(전, KBS PD, 6.15 공동선언실천 남측위원회 언론본부 대표)가 25일 "정치적 공세에 휘둘리지 않겠다"는 입장을 분명히 했다.

이 대표는 이날 미디어 오늘과 통화에서 "tbs에 대한 현재의 공정성 시비는 비합리적이고 악의적"이라며 "팩트인지 확인하는 작업을 전제로 하지 않는 균형성 · 중립성 시비는 무의미하다. 오히려 팩트 체크를 제대로 하고 있다는 점에서 우리는 모범을 보이고 있다."고 주장했다.

언론의 조국 법무부장관 수사 보도가 검찰의 피의 사실 공표 논란을 부른 상황에서 tbs 라디오 '김어준의 뉴스공장' 등에서 검찰 발 보도를 검증하는 과정이 있었고, 이를 통해 사안을 바라보는 시각이 교정되고 있다는 취지다.

이 대표는 "우리는 검찰의 일방 주장을 받아쓰지 않았다. 검찰 주장을 일방 보도하지 않았다는 이유로 방송이 공정하지 않다고 한다면 이는 어불성설"이라고 지적했다.

김어준의 뉴스공장 등에 대한 자유한국당 · 조선일보 비판이 국정 감사를 앞두고 크다. 조선일보는 25일 "매년 300억 세금 지원받으며 … '좌파 철밥통'된

---

15) 미디어 오늘 2019년 9월 25일자.

교통 방송"이라는 제목의 기사에서 tbs 방송 진행자인 방송인 김어준, 김규리씨와 안진걸 민생경제연구소장, 30일부터 음악 방송을 진행하는 주진우 기자 등의 발언을 문제 삼았다.

조선일보는 2008년 SNS에 미국 쇠고기 수입을 비판하는 글을 올렸다가 보수 정권 시절 '블랙리스트'에 올라 고초를 겪은 김규리씨 사례를 다시 언급해 비판했고, 이에 더해 이 대표를 겨냥해 "교통 방송의 좌편향은 지난해 10월 KBS 출신의 이강택 PD가 대표를 맡으면서 더욱 심해지고 있다는 분석이 나온다"며 "주진우, 김규리, 이은미, 안진걸씨 등 좌편향 인사가 이 대표 취임 이후 대거 투입됐다."고 주장했다. 자유한국당도 이 대표가 국정 감사 증인으로 나와야 한다며 공세 수위를 높이고 있다.

이 대표는 조선일보 보도에 "분노한다. 김규리씨 과거 발언을 다시 끄집어내 비난하는 건 너무나 악의적"이라며 "먼지털이식 기사가 단지 보도라는 이유로 정당화될 수 있는가. 과거 조선일보가 쏟아냈던 수많은 오보와 그에 대한 비난 여론을 고려하면, 조선일보야말로 폐간해야 하는 것 아니냐"고 작심하고 목소리를 높였다.

공공조직은 한번 만들어지면 쉽게 없애기 어렵고 그 규모가 스스로 증가하는 경향을 가진다. 이는 '파킨슨(Parkinson) 법칙'을 들지 않더라도 무수히 많은 사례에서 찾아볼 수 있다. 그 대표적 사례가 교통 방송이다. 교통 방송은 자치 단체, 특히 인구가 밀집되어 생활하는 시민들의 교통 불편을 해소하기 위해 가장 빠른 교통 정보를 제공하기 위한 목적으로 설립되었다. 그러나 교통 방송의 역할은 채 10년도 지나지 않아 그 존재 의미가 퇴색되었다. 수치 지적도라는 행정정보화를 계기로 종이지도가 디지털화가 되었고, 이를 기반으로 목적지를 안내하는 내비게이션이 상업화됨으로써 교통 정보 제공에 새로운 시대가 열렸기 때문이었다. 지리 정보의 디지털 소스를 민간에게 공개한 것이 기폭제가 되었다. 마침 등장한 민간인 포털에 심어진 지리 정보와 교통 정보 제공으로 더 이상 라디오 교통 방송에 귀를 기울일 필요가 없어져 버린 것이다. 즉, 교통 방송의 설립 목적을 다른 수단이 대체해 버린 것이다.

이 경우 목적을 상실한 공공기관은 어떻게 처리해야 하는가가 문제였다. 민간기업이라면 십중팔구는 교통 방송을 폐지했을 것이다. 그러나 불행하게도 교통 방송은 공공기관이었다. 교통 방송은 178명이 근무하며 수많은 출연진과 외주 제작업체들의 수입 원천이었다. 더 중요한 이유는 시장과 그 정치 집단의 든든한 홍보 수단이라는 점이었다. 이 때문에 그 누구도 교통 방송을 폐지할 생각도, 시도조차도 하지 않은 것이다.

그런 연유로 매년 수백억 원의 시민 세금이 낭비되고 있다. 2019년 교통 방송 예산은 863억 원이었고, 2020년에는 223억 원이었다. 2020년 예산이 줄어든 것은 그해 교통 방송이 서울시 출연 재단으로 출범하기 위해 사전에 장비 등을 대폭 출연한 결과로 보인다. 다음 기사는 교통 방송의 일탈을 고발하고 있다.[16]

> 이처럼 편향된 교통 방송에 서울시 지원 세금은 갈수록 늘고 있다. 교통 방송이 서울시의회에 제출한 업무 보고 자료에 따르면, 서울시는 매년 300억 원 수준의 예산을 교통 방송에 배정한다. 2017년 310억, 2018년 316억에서 올해 357억 원으로 뛰었다.
>
> 예산이 늘면서 일부 진행자의 진행료는 전국 범위 방송보다 많이 지급된다. 김어준씨가 대표적이다. 그의 회당 진행료는 100만 원 선으로 MBC, SBS 등의 S급 진행자 회당 진행료로 알려진 60~65만 원보다 훨씬 많다.

어떤 기관이든 그 기관의 목적이 달성되었거나 시대가 변하여 달성하지 못할 때는 폐지되어야 한다. 교통 방송이 설립된 목적인 '교통 및 생활 정보 제공'을 더 이상 할 수 없다면, 다수의 복리를 위해 쓰이라고 시민들이 낸 세금 수백억 원을 낭비할 이유를 찾기는 어렵다. 당연히 폐지 대상 1순위다. 그러나 정치인들은 절대 폐지하지 않는다. 그들이 권력을 잡으면 그들 또한 자신과 자신의 편을 위해 홍보할 수 있는 수단임은 물론, 자기 진영이 먹고 살아가는 중요한 원천임을 너무나도 잘 알고 있기 때문이다. 정치는 전체 시민의 삶의 질을 향상시키지도 유지하지도 못한다. 그저 극히 소수 진영에 속한 무리들의 이익을 위해 종사할 뿐이다.

---

16) 조선일보 2019년 8월 25일 자.

정치로부터 독립하여 교통 방송과 같은 목적 달성이 불가능한 기관의 존폐를 판단하는 것이 진정으로 시민을 위하는 길이다.

다. 생산·자율도시에서 소비·규제도시로

도시가 도시로서 기능할 수 있는 것은 끊임없이 부가가치를 창출해 내기 때문이다. 부가가치를 창출해 내려면 도시 속에서 활동하는 사람들과 조직 및 시설 등을 포함한 자원들이 보다 생산적인 형태로 결합되어야만 가능하다. 거기에 정보가 결합되고, 공공의 지원이 추가되면 이전보다 더 큰 가치를 산출할 수 있다. 서울시와 공공기관은 도시가 이러한 생산적 도시로서의 기능을 할 수 있도록 그 활동 방향을 정하고 이에 봉사하여야 한다. 서울시의 역할은 도시 구성원들이 부가가치를 생산할 수 있도록 뒷받침하는 데에 있다.

과거 10년의 서울은 어떠하였는가? 이런 관점에서 서울시는 정상적인 기능을 수행하였는가? 대답은 '아니다'이다. 서울시라는 공공기관은 직접적인 부가가치를 생산해낼 수 없다. 그 기능은 민간이 할 수 있다. 민간은 그런 충분한 동기부여를 가지고 있는 반면에 공공은 그런 목표나 동기부여가 없기 때문이다. 민간이 더 큰 가치를 만들어 낼 수 있도록 공공은 지원하고, 그 결과로 산출된 가치 일부를 공공의 이익을 위해 공공에 지불하면 되는 것이다. 그런 이유 때문에 공공은 도로를 더 넓혀 사회적 비용을 줄이거나, 인적 자원의 가치를 높여 노동 가치를 높이는 교육 또는 재교육 등에 재정을 투입하는 것이다.

그러나 과거 10년은 서울이라는 도시의 기능을 생산이 아닌 일회성 소비에 치중하는 정책으로, 자율성 부여가 아닌 규제로 일관하였다. 그 대표적 사례를 들어보자.

1) 시장 경제에 무분별 개입

가장 염려스럽고 우려되는 부분은 과거 10여 년 동안 시장(市場)과 시장 제도(市場制度)에 대한 무분별한 개입과 위협적인 정책들이 양산되었다는 사실이다. 다수의 힘을 배경으로 소수를 적으로 돌리는 많은 정책이 탄생한 것이다. 소수를 적으로 돌리는 정책들이 일반 국민들에게 자연스럽게 받아들여지는 지점에서 개인의 자율은 말살된다. 이런 현상이 지난 10여 년간 서울에서 일어나고 있었다. 그 몇 가지 사례를 들어보자.

사례 7. 유통 시장에 간여, 대형 마트 품목 제한[17]

재래시장은 서민들의 경제 활동의 장이자 삶을 영위하는 터전이다. 골목시장 및 골목 상권 또한 그러하다. 수요와 공급 법칙이 보이지 않게 작동하는 시장은 독점이나 과점 등으로 제 기능을 하지 못하는 경우가 많다. 이는 곧 시장 실패다. 하지만 정부나 지방자치단체는 이를 빌미로 시장에 과도하게 간여한다. 구체적 사례를 보자.

2012년 가을, 서울시는 골목 상권을 살리기 위한 조치 중 하나로 대형 마트에서 판매하는 품목 중 일부에 대해 판매 제한을 하겠다고 발표한다.[18] 서울시는 "연초부터 각 자치구로부터 의견을 받아 50개 품목을 정했다. 판매 가격의 차이가 크지 않고 소비자가 동네 상권과 전통 시장에서 손쉽게 구입할 수 있는 품목들이어서 별다른 소비자 불편이 없을 것"이라고 밝혔다.

대형 마트 측은 일제히 "판매 품목을 제한하는 것은 곧 소비자의 선택권을 박탈하는 것이며 소비자 불편만 늘리는 잘못된 규제"라고 주장하였다. 더불어 "정작 규제로 반사 이익을 보는 곳은 홈쇼핑과 편의점, 규제 사각지대에 있는 하나로마트 등이 될 것"이라는 지적의 목소리도 나왔다. 반면 중소 상인들은 환영하는 분위기였다. "서울시 같은 지방자치단체가 먼저 나서 중앙 부처에 제품 판매 제한을 제시한 것은 고무적인 일"이라며

---

17) 이 부분은 목영만, 신뢰의 발견, p. 226~228에서 인용.
18) 매일경제, 2012년 9월 3일 자.

반겼다. 서울상인연합회도 "담배, 소주, 막걸리 등은 골목 상권의 주요 판매 상품"이라며 "대형 마트는 공산품이나 다른 식음료 판매에 집중하고 서민 품목은 골목 상권에 양보하는 게 옳다."고 말하였다. 또 "대형 마트 휴일 영업 규제가 유명무실해진 만큼 이번 방안이 확실하게 추진되길 바란다."고 덧붙였다. 실제 이마트 전체 매출에서 소주, 담배, 막걸리가 차지하는 비율은 각각 0.5%, 0.2%, 0.1%이며, 라면이 홈플러스 전체 매출에서 차지하는 비중은 2.7%다.

소주나 라면 등 골목의 작은 가게에서도 충분히 살 수 있는 것들은 굳이 대형 마트에서 판매하지 않아도 대형기업 이익에 큰 영향을 주지 않는다는 판단에서 나온 조치였다. 이러한 조치가 이루어진 심리적 기저는 같이 이익을 공유하자는 이타적인 발상일 수도 있다. 많은 이익을 내는 사람이 조금씩 양보하면 사회가 더욱 따뜻해지고 풍요롭게 될 것이라는 기대도 작용하는 듯하다. 나눔의 미학이다.

문제는 언급되었던 품목들이 대형 마트의 매출 비중에 있어 크고 작은 데에 있는 것이 아니다. 그러한 대책이 형성되고 발표되는 데까지 이르는 정책 결정자들의 사고 구조가 더 큰 문제인 것이다. 서울시에서 그러한 정책이 형성될 수 있었던 이유는 최고 의사결정권자의 사고 구조가 반영되었기 때문일 것이다. '매출이 높은 기업이 조금 양보한다고 해서 무슨 큰 문제가 될 것인가'라는 생각과 그러한 조치들은 공공 부문에서 당연히 해야 할 일이라는 인식이 자리하고 있다는 데에 있는 것이다. 효과의 유무를 떠나서 '자유 민주주의 시스템의 가장 기본적 구조인 자유의지에 기인한 생산과 소비 활동에 대한 간여가 문제 될 것이 없다'라는 사고가 더 큰 문제인 것이다. 만일 라면이 생산·공급되는 유통 시스템에서 생산자가 대형 마트에만 물품을 공급한다거나, 공급 시장에서의 자유 경쟁 시스템에 위배되는 행위나 관행이 있다면 당연히 간여해야 하겠지만 그런 것도 아니다. 똑같이 공급되는 데 소비자가 더 선호하는 것뿐이다. 이런 논리라면 동네 상점들 중, 라면을 사야 할 가게를 일일이 지정해 주는 것과 다를 바 없지 않은가. 김씨네 가게에 가까이 사는 주민들은 김씨네 가게만, 박씨네 가게 주변에 사는 사람들은 박씨네 가게만 이용하도록 지정 고시하는 것과 다를 바 없는 것이다.

이처럼 자유 경쟁이라는 기제가 작동하지 않는 해결책은 단기적 처방에 불과하다. 단기적인 이익 분배는 현재로서는 달콤하지만 지속적인 생산을 담보하지는 못한다. 지속적인 발전과 성장에 따른 이익의 확대라는 선순환을 보장할 수 없는 것이다. 경제란 유한한 자원을 가지고 가장 최대의 재화를 생산해 내는 것이고, 이러한 동기를 부여하는 것은 심리적 만족을 수반하는 분배가 아닌 경쟁을 통한 효율성 추구에 있다는 것은 상식이다. 상식에 부합되지 아니한 경제 논리는 이상 또는 허구에 불과하다.

사례 8. 공무원이 직접 장사에 나서다 『동네 상점』 운영

문제는 이러한 시도들이 이제는 일반 공무원들의 사고 체계까지 지배하여 시장에 간여하는 정책을 만들고 시행하는 것으로 일상화되었다는 점에 있다. 2020년 9월 3일 자, 서울특별시 보도자료를 보자. 골목 시장 활성화라는 아름다운 제목으로 포장된 시장 경제 간여의 한 사례. 이제는 공무원이 직접 상점을 운영하겠다고 나선다.

서울시, 골목 경제 살릴 생활 상권 후보지 공모[19]
내년 2월 최종 10곳 선정

지하철역, 학교, 동 주민센터 등 주민들의 생활 중심지에서 걸어서 10분 이내, 침체된 골목 상권을 주민 스스로가 살리는 '생활 상권 육성 하반기 프로젝트'가 시작된다. 올해 7월, 1기 대상지 5곳 선정 후 확대·추진하는 2기 사업이다.

서울시는 '생활 상권 2기 기반 사업' 후보지 20곳을 오는 9월 11일(금)까지 공모한다고 밝혔다. 후보지로 선정된 상권들은 약 5개월간 과제 수행 등 시범 사업 추진하게 되고, 시는 내년 2월경 상권별 성과를 평가해 최종 10곳의 대상지를 확정할 계획이다.

'생활 상권 육성 사업'은 대형 마트, 온라인 쇼핑, 프랜차이즈에 밀려 활기를 잃어가는 골목 경제 활성화를 위해, 지역 주민들이 실제로 필요로 하는 서비스를

---

19) 서울시 보도자료(노동민생정책관, 소상공인정책담당관), 2020년 9월 3일 자.

제공하고, 이를 통해 지역 내 소비를 유도하는 것이 목적이다. 또 코로나19 장기화로 유례없는 침체를 보이는 골목 경제를 살리는 데도 도움이 될 것으로 기대하고 있다.

먼저, 후보지로 선정된 20곳은 9월 중순~내년 2월 중순까지 주민, 소상공인 등으로 구성된 ① '추진위원회'를 구성하고 ② 주민 친화형 생활 서비스를 제공하는 '커뮤니티 스토어' 운영 ③ 생활 상권 활성화 계획 수립 등의 과제를 수행해야 한다.

〈추진위원회〉 지역 주민, 상인, 단체, 사회적 경제·문화 시설 등 특정이해관계에 치우치지 않는 지역 내 여러 경제 주체로 구성하며 다양한 방법으로 주민 의견을 듣고, 수요를 발굴하는 역할을 한다.

〈커뮤니티 스토어〉 주민이 생활 속에서 실제로 필요한 서비스를 체계적으로 발굴해 제공하는 동네 상점으로 30일 이상 운영해야 하며 서비스에 대한 주민들의 개선 방안을 정책 수립에 반영한다.

〈생활 상권 활성화 계획〉 다양한 지역 경제 주체와 주민이 협력해 지역 조사, 워크숍, 토론, 합의 등의 과정을 거쳐 생활 상권 육성 사업 계획을 수립한다.

서울시는 과제 수행 기간 동안 후보지 당 최대 7,000만 원의 사업비를 지원한다. 시범 운영 기간 종료 후 최종 선정지 10곳에는 개소당 3년간 최대 30억 원을 투입할 예정이다.

최종 대상지 선정은 ▲사업 참여자 간 협력성 ▲사업 방향의 이해 ▲사업 추진의 필요성 등의 기준에 따라 현장심의 및 발표 심의로 확정한다.

앞서 지난 7월, 서울시는 1기 생활 상권 5곳(① 양천구 신정6동 일대 ② 관악구 난곡동 일대 ③ 종로구 창신동 일대 ④ 서초구 방배2동 일대 ⑤ 송파구 가락본동 일대)을 선정해 본격적인 사업을 추진하고 있다.

서울시 소상공인 정책담당관은 "서울시는 코로나19 장기화로 침체된 골목 경제를 활성화하기 위해 동네 상권의 주된 고객인 주민들의 수요를 반영한 생활 상권을 22년까지 최대 60개 지역으로 확대할 계획"이라고 밝혔다.

골목 상권 활성화라는 것이 공무원이 할 수 없는 영역이라는 것을 깨달았는지 이제는 골목 상점을 직접 개설하여 운영하겠다는 계획이다. 공무원이 직접 장사를 하겠다니 누가 그 성공을 믿겠는가? 당연히 예산을 들여 점포를 개설하고 민간으로 위장한 센터를 만들어 그들에게 위탁하는 방식임은 굳이 보도자료를 보지 않아도 충분히 예측되는 수순이다. 예산으로 운영하는 지역 골목 상점을 만들겠다는 것이며, 1개소 당 3년간 30억 7천만 원을 지원하여 개설하는 공공 골목 상점인 것이다. 그것도 2022년까지 60개 지역으로 확대할 계획이라니 소요 예산만 1,842억 원이 든다.

공무원이 시장에서 발생된 문제를 해결해야 한다는 발상은 물론 해결할 수 있다는 잘못된 확신의 발로다. 골목 시장의 수요까지도 공무원이 어떻게든 조정할 수 있다는 발상인 것이다. 마을기업의 망령이 상업 행위 전반으로까지 확대되고 있는 최전선을 보고 있는 것이다. 결국 최종 목표는 무엇일까? 공무원이 영업 이익을 낼 수 있도록 하는 것이 가능한 일일까? 물론 아니다. 결론은 예산을 지원하는 것으로 귀착한다. 10개 권역에 공공 스토어를 만들고 1개소 당 3억 원씩을 들어붓겠다는 계획이 아무런 거리낌 없이 진행되고 있는 것이다. 공공이 시장을 대체하려는 목표가 아니라면 무엇으로 설명할 수 있겠는가? 반시장적 이념은 결국 시장의 부정을 통한 무분별한 개입으로 이어져 가격 통제라는 수단으로 자유적 가치를 무너뜨리는 것이다. 일반인들은 그 선한 목적에만 주목하고 있어 그 근원이 되는 인간의 자유와 존엄의 현장은 결국 사라지게 됨을 어찌 모르는가?

사례 9. 시장 가격에 직접 개입, 제로페이 정책

2016년 박원순 시장은 소상공인 지원 정책의 하나로 소상공인들이 카드 수수료를 부담하지 않도록 하는 '제로페이'를 들고 나왔다.

제로페이는 정부, 서울시 및 지자체, 금융회사, 민간 간편결제 사업자가 협력해 만든 모바일 간편결제 서비스다. 근본적으로는 소상공인의 가맹점 수수료 부담을 줄이기 위해 도입되었으며, 실제로 연 매출 8억 원 이하인 가맹점에는 0%의 수수료율이 적용된다. 연 매출 8억 원을 초과하더라도 수수료율은 최대 0.5%에 불과하다. 일반 가맹점의 경우 신용카드 결제 시 수수료율이 최대 0.8~1.6%인 것을 감안하면 확실히 메리트가 있다.

하지만 정책을 선전 도구로 활용하는 잔꾀를 부린 전형적인 사례임이 백일하에 드러나면서, 소상공인과 소비자들 모두 외면하는 정책이 되었다. 사용자와 소상공인 모두 기존 카드에 비해 훨씬 불편할 뿐만 아니라, 근본적으로 시장 논리에 반하기 때문이다. 상인과 카드사와 민간 영역에 서울시가 직접 뛰어들어 카드 수수료라는 가격에 개입한 것이다. 이에 대한 언론의 반응을 보자.

시행 1년 차 제로페이, 외면받는 이유는?[20]

문제는 제로페이를 사용하는 주체는 소비자라는 것. 즉 제로페이 결제를 직접 사용하는 소비자를 유인할 만한 요인이 필요했다는 얘기다. 그래서 선택한 방법이 소득 공제율에 있어 혜택을 주는 방안이었다. 서울시는 당시 제로페이 결제액에 대해 40% 소득 공제율을 적용하겠다고 발표했다. 현재 체크카드 및 현금영수증 소득 공제율이 30%임을 감안하면 소비자 입장에서도 꽤 매력적인 혜택이었다고 볼 수 있다.

취지가 좋은 만큼 제로페이는 서비스 시작 전부터 높은 관심을 받았다. 일반 금융권은 물론이고 이미 간편결제가 활성화된 핀테크 기업들의 참여로, 제로페이는 누이 좋고 매부 좋은 '모두의' 간편결제로 남을 뻔했다. 그러나 시범 서비스를 앞두고 토스, 카카오페이 등 굵직한 사업자들이 이탈했다. 토스의 경우 시스템 개발 및 충전수수료 부담 문제 등을 이유로 제로페이 참여를 포기했다.

시범 서비스 당시에도 은행 앱을 통해 제로페이로 진입하고, 그곳에서 QR코드를 인식하여 결제 금액까지 입력해야 했다. 심지어 제대로 결제가 됐는지 직원이 직접 '입금내역'을 확인해야 하는 번거로움까지 있었다. 소득 공제율 40%라는 혜택도 아깝지 않을 만큼 불편했던 기억이었으니 말 다 했다.

문제는 아직도 이러한 번거로움이 지속되고 있다는 것이다. 그나마 소비자가 결제 금액을 입력해야 하는 번거로움이 조금 개선된 정도다. 스마트폰 사양에 관계없이 늘 구동이 재빠르지 못한 은행 앱을 이용해서 제로페이 결제 화면에 진입해야 하고, 결제할 때마다 로그인해야 하며, 결제했음에도 불구하고 결제 완료 시그널이 명확하지 않아 몇 번이나 확인을 거쳐야 한다는 것이다.

위의 기사에서 언급된 문제점은 사용자의 불편에 초점이 맞추어져 있다. 기존 카드보다 번거롭고 사용자의 혜택이 별로 없다는 것이다. 그러

---

20) it앱 스토리, 2020년 2월 19일 자.

나 더 중요한 점은 공공에서 만드는 시스템이 시장에서 만든 시스템을 따라갈 수 없다는 한계를 깨닫지 못하고 덜컥 시장에서 통용되는 카드를 대체하겠다고 나섰다는 점이다. 만일 기존 카드 시장이었다면 제로페이 같은 결제 수단은 진작 폐기되었거나 다른 것으로 대체되었을 것이다.

공공기관은 난데없이 시장에 난입하여 칼을 휘두르는 정의의 사도가 아니다. 민간 부분이 자유롭게 경쟁할 수 있도록 감시하는 감시자로서 역할이면 충분하다. 물론 경쟁에서 뒤처진 사람들을 돌보는 일은 당연히 정부나 지방자치단체의 몫이다. 공공기관 스스로가 정의라는 가치를 마음대로 설정하고 시장에 뛰어들어 해결사 노릇을 하겠다는 발상은 실패한 사회주의자들이나 했던 과거의 유물이다. 또, 할 수 없는 일을 하겠다고 나서는 것이 더욱 문제이다. 시장 가격의 통제는 공공이 할 수 있는 영역이 아니다. 제로페이는 카드 시장에 개입하여 가격 형성에 왜곡을 가져온 아주 나쁜 선례가 되었다. 이 잘못된 정책을 시행하기 위해서 들인 공적인 노력은 모두 시민의 부담이 되어 돌아온다.

제로페이 인프라 보급 지원	3,500,000	5,000,000	1,500,000	
			(100-307-02) 민간 경상 사업 보조	3,000,000
			▽ 이용자 편의성 증진을 위한 결제환경 구축지원 3,000,000,000원 =	3,000,000
			(100-308-01) 자치 단체 경상 보조금	2,000,000
			▽ 자치구 가맹점 제로페이 이용 활성화 지원 2,000,000,000원 =	2,000,000
제로페이 활성화 지원	367,000	(×300,000) 2,375,600	(×300,000) 2,008,600	
			(100-201-01) 사무관리비	2,365,600
			▽ 제로페이 이용 활성화 기획 및 프로모션 실행 2,000,000,000원 = (×300,000)	2,000,000
			▽ 제로페이 이용방법 및 혜택 안내 등 330,000,000원 =	330,000
			▽ 자문회의, 현안회의, MOU 등 개최 20,000,000원 =	20,000
			▽ 제로페이 활성화 지원에 따른 제로페이 워크숍 15,600,000원 =	15,600
			(100-203-03) 시책추진 업무추진비	
			▽ 제로페이 이용 활성화를 위한 관계기간 협의 및 간담회 10,000,000원 =	10,000

서울시 제로페이 관련 예산

정말 소상공인에게 효과적인 지원을 하고 싶다면 차라리 국세청과 협조하여 소상공인의 판매 실적 자료를 받아 카드 판매 액수에 따라 소상공인이 부담한 카드 수수료만큼을 지원해주는 것이 훨씬 낫다. 그러나 제로페이로 지원되는 카드 수수료만큼의 돈이 소상공인에게 과연 얼마나 도움이 되겠는가? 없는 것보다 낫다는 말로 옹호하는 것은 그 제도에 들이는 비용을 생각하면 너무 터무니없지 않은가? 소상공인에게 카드 수수료보다 손님이 많아 장사가 잘되는 환경을 만들어주는 것이 우선적으로 해야할 일이 아닌가? 코로나19 여파로 9시 이후에는 장사하지 못하도록 하여 손님도 없는데, 제로페이가 무슨 소용이 있는가? 소상공인은 적은 비용을 들여 가게를 운영하고 많은 수익을 거두기를 갈망한다. 그런 대원칙에 어긋나는 정책은 모두 사기극에 불과한 것이다.

집단주의, 전체주의, 국가주의, 사회주의는 국가의 위기상황과 대중의 무관심이라는 영양분을 먹고 자라며, 아름다운 단어로 포장된 꼬리표를 달고 시민들의 품에 안긴다. 그것은 따뜻하고 감동적이며 눈물을 짓게 만드는 감성적인 정책들의 보따리인 것이다. 그 정책들을 품에 안은 시민들의 체온을 빼앗아 집단주의, 전체주의, 국가주의, 사회주의라는 괴물은 무럭무럭 자란다. 대형기업의 횡포로부터 보호해 주는 국가, 골목 시장의 어려움을 해결하려고 애쓰는 정부, 서민의 돈을 한 푼이라도 절약해 주겠다는 시장의 목소리에 시민들은 무장해제당하는 것이다. 스스로 노력하여 경쟁에서 살아남고, 이를 통해 개인적 자유에 기반한 노력의 결과물을 성취할 기회가 점점 줄어드는 것이다.

시장의 간여가 성공한다면 이런 방법도 해 볼 만하다고 말할 수 있다. 그러나 성공할 수 있는가? 아니, 성공한 적이 있는가? 공무원들이 그런 정책을 성공시킬 수 있다고 아직도 믿는가? 공무원이 할 수 없는 영역을 한다고 말할 때는 다른 의도가 있음을 알아차려야 한다. 시장에 개입해서 시장을 이기고 당초 목적을 달성할 수 있는 길은 국가 자원 전체를 통제해서 할당해주는 시스템 이외에는 없다는 사실을 알아야 한다.

2) 민간의 재건축 · 재개발 규제

사례 10. 재건축 규제

가장 많은 논란을 일으키는 부분은 아무래도 주택과 관련된 분야다. 경제적 가치가 가장 큰 일반 시민들의 재산 목록 1호이기도 하며, 국가나 지방자치단체의 정책으로부터 가장 큰 영향을 받는 분야이기 때문이다. 주택을 바라보는 시선은 이념에 따라 아주 큰 편차를 보인다. 주택을 공공재로 인식하는 것에서부터 개인의 사유 재산 중 핵심 가치로 생각하는 것에 이르기까지 다양하다.

주택은 그 재화의 희소성에 기초하여 정부나 지방자치단체의 지속적인 간여가 이루어져 왔다. 특히, 재건축과 관련해서 그 간여의 깊이는 깊고, 종류 또한 다양하다. 재건축 초과 이익 환수제, 소형평형 의무비율 확보제, 분양가 상한제, 실거주에 따른 분양 자격 제한, 재건축 안전진단 강화, 사업 시행자의 임대비 지원 규제, 지구 단위 계획으로의 규제 등이다. 요약하면 소유권 관련 규제, 가격 관련 규제, 그리고 절차적 규제로 대별된다. 여기에 세금으로 인한 공적 간여 또한 덧붙여진다. 취득세, 재산세, 종합 부동산세, 양도 소득세 등 실로 규제와 간여의 백화점이다. 왜 그럴까?

재건축 규제 수단

소유권(사용, 수익, 처분권) 규제	2년 이상 실 소유의무 부과, 소형평형 의무비율
가격 규제	분양가 상한제
절차적 규제	안전진단, 재건축 시기 조정, 지구 단위 계획
세금 간여	취득세, 재산세, 종합 부동산세, 양도 소득세, 재건축 초과 이익 환수제

재건축이란 자신이 살고 있는 거주 공간을 사업 시행자에게 위탁하여 더 나은 주거 공간으로 리모델링하는 것이다. 문제는 집합 건물을 헐고 다시 짓는 아파트나 연립 등 공동 주택 재건축에 뒤따르는 규제다. 규제

의 근거는 집합적으로 대규모 재건축이 이루어지면 정상적인 이익보다 더 큰 이윤이 발생한다는 데에 있다. 집합적인 대규모 건축 행위로 인근의 도시 기반 시설에 더 큰 부담을 주는 사회적 비용이라는 측면도 작용한다.

재건축을 보는 시각을 소유자 입장에서 보면 단순한 소유권의 사용, 수익, 처분권의 행사다. 공권력이 간여할 논리적 근거는 그 점에서 빈약하다. 공동 주택 소유자들이 자신의 소유권을 행사하는 것에 공권력은 다른 사회적·전체주의적 시각에서 간여한다. 이를 제한하는 유일한 근거는 '공공복리'라는 헌법상 규정이다.

'공공복리'라는 추상적 개념이 개인의 재산권 행사를 과도하게 제한하는 근거가 되어 왔다. 그 근거 하에 주택법으로 세부적인 규제를 가한다.

헌법 제23조

① 모든 국민의 재산권은 보장된다. 그 내용과 한계는 법률로 정한다.
② 재산권의 행사는 공공복리에 적합하도록 하여야 한다.
③ 공공의 필요에 의한 재산권의 수용·사용 또는 제한 및 그에 대한 보상은 법률로써 하되, 정당한 보상을 지급하여야 한다.

사유 재산권이 보장되지 않는 국가는 더 이상 자유 민주주의 국가가 아니다. 그러나 안타깝게도 재건축 관련 규제 수준은 시간이 흐를수록 그 강도가 날로 세지며 한계를 모르고 확장되는 중이다. 급기야 정부는 2020년 6월 부동산 대책으로 재건축 대상 주택에 소유자가 실제 2년 이상을 거주하지 않으면 주택을 분양받을 수 없도록 규제하였다. 이에 더하여 서울시는 민간 재건축 대상에 용적률을 높여주고, 그 이익만큼 임대 주택을 지어 서울시에 기부 체납하는 방식인 공공 재건축 제도를 도입하기에 이르렀다. 물론 강제는 아니지만, 민간의 소유권에 공공의 간여가 어느 수준까지 진전되고 있는지를 측정하는 바로미터다.

민간의 주택 시장은 수요와 공급에 의해 가격이 결정된다. 이 원칙은 사회주의를 공식적으로 채택하지 않는 한 변함이 없다. 절차에 의한 규제(안전진단, 재건축 시기 조정, 지구 단위 계획 등)는 어느 정도 용인될 수 있으나, 주택 시장의 근간을 이루는 소유권 제한과 가격 통제 정책은 헌법 원리에도 맞지 않을 뿐 아니라 규제 효과도 기대할 수 없다. 한 가지 새로운 규제는 10가지 부작용을 낳는다는 사실을 잊지 말아야 한다.

사례 11. 재개발 규제

재개발은 일정 규모의 대단위 구역 내에 토지나 건물을 소유한 사람들이 본인 소유의 토지나 건물 또는 주택을 출자하여 조합을 결성하고, 사업 시행자를 선정하여 건물을 새로 신축한 후, 주택이나 상가를 다시 본인의 지분만큼 돌려받는 제도다. 근본적으로 개인의 재산권 사용, 수익, 처분이라는 소유권 행사와 관련된 제도다.

그러나 기존의 일단(−團) 구역 내에는 공공시설이라 할 수 있는 도로나 공원, 학교, 또는 각종 기반 시설이 미비하기 마련이다. 이는 재개발을 대규모로 하는 이유이기도 하다. 따라서 일단의 규모 이상을 단위로 하는 재개발에는 공공기관이 개입해서 이 문제를 해결해야 한다. 계획 단계에서 공공시설들이 제대로 갖추어질 수 있도록, 필요할 경우 예산도 투입하는 것이다. 재개발이 진행된다는 것은 그 일대 주거 환경이 개선되는 것을 의미한다.

2010년 초까지의 재개발 정책

기본적으로 주택이나 토지는 개인의 재산권이다. 따라서 개인의 욕구를 충족시키는 방향으로 사용되고, 이익을 취하며, 그 개인의 의지에 따라 처분되어야 한다. 그런 요구에 부응하여 재개발 정책은 뉴타운이라는 이름표를 달고 활기차게 추진되었다. 개인의 욕구를 에너지 삼아 도시 변화가 추진된 것이다. 뉴타운 지구 지정은 2008년 당시 기준으로 26개 지구에 총면적 23.8km^{2}로 해당 지역 내 인구는 85만여 명에 이르렀다.

시범 뉴타운
2차 뉴타운
3차 뉴타운
시범 균촉지구
2차 균촉지구

2008년 당시 뉴타운 지구 현황[21]

물론 뉴타운 사업 추진에 부작용이 없었던 것은 아니었다. 세입자들과의 문제와 저소득층의 삶의 터전이 뉴타운으로 축소되어 '젠트리피케이션(Gentrification)'이 발생한다는 비난도 많았다. 당시 뉴타운으로 지정된지역의 면적은 서울시 총면적의 5% 정도였다.

서울시 뉴타운 사업은 크게 뉴타운 사업이 시작된 시범 뉴타운 시기, 뉴타운 확대 지정 시기, 재정비 촉진 지구 전환 시기로 그 시기를 구분할수 있다.

▶ **시범 뉴타운 시기(2002년)**
2002년 10월 3개의 뉴타운 시범 사업 지구가 지정된 뉴타운 사업 시작시기이다.

▶ **뉴타운 확대 지정 시기(2003~2005년)**
2003년 3월 '서울시 지역균형발전지원에 관한 조례'를 제정하고, 이에 따

---

21) 서울특별시 균형발전본부.

라 각 자치구의 신청을 받아, 같은 해 11월 12개의 2차 뉴타운 지구를 지정하였다.

▶ 재정비 촉진 지구 전환 시기(2005~2007년)

시범 및 2차 뉴타운 사업 추진 과정에서 법적 근거가 부족할 뿐만 아니라, 사업을 효율적으로 추진하기 위한 다양한 완화 조치가 불가능하여, 서울시는 2005년 8월 중앙 정부에 (가칭)뉴타운 특별법안을 제안하였다. 이를 계기로 같은 해 12월 도시 재정비 촉진을 위한 특별법이 제정되었고, 이를 통해 뉴타운 사업의 법적 근거가 마련되었다. 이 시기에 3차 뉴타운 지구로 총 11개 지구(2005년 12월 8개 지구 지정, 3개 지구 추가 지정)가 지정되었다. 특별법 제정 이후에는 시범 및 2차 뉴타운 지구 중 일부 지구가 재정비 촉진 지구로 의제 처리되어 뉴타운 지구와 재정비 촉진 지구가 공존하고 있는 상황이었다.

이러한 과정을 거치며 재개발 정책은 뉴타운이라는 독립된 이름을 달고, 공공시설을 정부와 지방자치단체가 지원하는 방식으로 활성화되기 시작하였다.

뉴타운 사업은 세 가지 측면에서 의미가 있었다.

첫째, 생활권 단위의 정비 개념 도입을 통해 주거지 안에 광역 기반 시설을 확보할 수 있는 토대를 마련하였다. 과거 재개발·재건축 사업들은 개별 사업 단위로 시행되어 인접된 사업들과 연계 개발이 어렵고 기반 시설 확보에 한계가 있어 생활권 차원의 주거 환경 개선이 곤란하였다. 이에 반해 뉴타운 사업에서는 개별 사업 단위 정비의 문제점 보완을 위하여 생활권 단위의 정비 개념을 도입하였다. 이에 따라 기성 시가지 내 광역적 기반 시설을 확보할 수 있는 토대를 마련하였다는 의의가 있다.

둘째, 계획 단위의 광역화로 지역 특성을 고려한 다양한 계획이 가능하였다는 점이다. 종전의 주거지 정비는 아파트 위주의 획일적인 주택지 정비라는 문제점과 이로 인해 지역 특성을 살린 계획적인 정비에 한계가 있었다. 하지만 뉴타운 사업은 계획 단위를 광역화하여 기존의 개별 정비 사업 계획에서는 할 수 없었던 지구 내 주택 유형, 평형, 밀도 등에 대한 다양성을 살린 종합적인 정비 계획을 수립할 수 있는 계기를 마련하였다.

셋째, 뉴타운 사업은 광역적으로 대규모의 아파트를 공급하는 공급원으로서, 매년 발생하는 서울의 신규 주택 수요를 충족하는 주요 공급원 역할을 하였다.

2012년 이후의 재개발 정책

개인의 자연스러운 욕구에 기인한 광역적인 재건축·재개발 정책의 기조는 2012년, 시민 단체 출신 시장이 취임한 이후 혁명적인 변화를 가져왔다. 재건축·재개발 정책에 공동체적 개념을 투입한 것이다.

2013년부터 추진이 부진하거나 시민 동의율이 낮은 뉴타운 지구는 지정을 취소하였다. 지구로 지정된 뉴타운 지구를 포함한 정비 예정 구역 180여 개소 중, 152개 구역을 대상으로 실태 조사를 거쳐 토지 소유자 등 30% 이상이 해제를 요청한 114개소 지구에 대하여 지구 지정 해제를 결정하였다. 도로변에 접한 상가 지역의 건물 소유자들 상당수가 지구 지정 해제에 찬성한 것이다.

재개발(예정) 지구 해제 현황[22]

구분	대상 구역	실태조사 완료	주민 의견 청취		해제 신청
			사업 추진	해제 결정	
추진 주체가 없는 구역	180	152	38	58	56
추진 주체가 있는 구역	144	113	해당없음	해당없음	0

그러나 대부분은 강북 권역에 속해 있는 지구였다.

---

22) 서울시 내부 자료, 재생지원과, 2014.

（단위 : 개소）

구분	추진	해제	전체
도심권	2	1	3
동북권	6	22	28
서북권	3	2	5
서남권	9	14	23
동남권	15	4	19
전체	35	43	78

추진 구역과 해제 구역 수 비교

해제 지구 위치도[23]

결국 정책적 판단의 책임은 토지 소유자들의 30%가 넘는 반대가 있을 경우 해제한다는 기준을 세운 서울시의 방향 설정에 있었다. 지구 지정 해제를 70%의 의사가 아닌 30%의 의사에 재개발 추진 운명을 맡긴 것이었다. 더욱 나은 주거 환경에서 살아보겠다는 70%의 개인적 희망은 공동체라는 추상적인 가치에 밀려 좌절된 것이다. 물론 당시 주택 경기 침체가 큰 원인이기도 하였다.

당시 해제가 되지 않고 지구로 지정되어 추진된 지역이 그렇지 않은 지역에 비해 주거 환경에 커다란 진전이 있음은 2021년에 눈으로 확인할 수 있다. 각 지역에 커다란 격차로 나타난 것이다. 또한 재개발 지역의 주거 환경이 호전된 만큼 개개인의 자산 가치도 함께 상승하였다.

사례 12. 도시 재생이라는 헛된 꿈

이런 신념이 정책으로 나타난 것 중 대표적인 사업이 도시 재생 사업이다. 시민 단체 출신 시장은 취임한 그 이듬해에 도시 재생팀을 출범시킨다. 그 팀이 제일 먼저 착수한 일은 당시 주택 경기 침체로 정체되어 있던 뉴타운 사업을 정리하는 일이었다. 하지만 공동체 사회 환경을 만든다는 목표 아래 노후화된 도시 기반 시설을 업그레이드하는 것보다 골목 외관에 분칠하고 화장하는 사업에 몰두하였다.

---

23) 서울연구원, 서울시 뉴타운 재개발 해제 지역의 실태 조사 분석 연구, 2013, p.30.

늘 그러했듯이 본인들은 지극히 개인적인 욕망에 순응하여 각자의 삶을 꾸려나가면서도, 대외적으로는 공동체와 사회를 강조한다는 정치적 신념에 따라 하루 아침에 정책을 공동체와 전체주의적 우선주의라는 이념으로 덧씌우기 시작하였다.

도시 재생이란 「도시 재생 활성화 및 지원에 관한 특별법」에 의한 정의에 따르면 '인구의 감소, 산업 구조의 변화, 도시의 무분별한 확장, 주거 환경의 노후화 등으로 쇠퇴하는 도시의 지역 역량 강화, 새로운 기능의 도입·창출 및 지역 자원의 활용을 통하여 경제적·사회적·물리적·환경적으로 활성화시키는 것을 말한다'고 되어 있다. 법에서도 언급하고 있듯이 원래 도시 재생은 쇠퇴한 공장 지대나 사람들이 떠난 쇠락한 지역을 다시 새로운 매력이 있는 공간으로 업그레이드하여 활력을 되찾게 하는 개념인 것이다. 그런 점에서 서울처럼 쇠퇴하는 지역이 아닌 지속 발전하는 공간에서 도시 재생의 개념은 본질적으로 부적합한 개념이다.

2012년 이후 추진되고 있는 도시 재생 사업은 도시 공간을 공동체적 집단주의가 지배하는 공간으로 만들겠다는 이념적 지향을 감추고 있다고 이해할 수밖에 없다. 지금까지 추진되고 있는 도시 재생 사업이 실질적으로 주민들에게 공감되거나 그 효과가 피부로 와 닿지 않는 것이 그 방증이다.

'창신·숭인 도시 재생 지구'는 서울시가 성공적인 도시 재생이라며 자랑하고 있는 지구이다. 그러나 주민들은 이 내용을 피부로 느끼지도, 체감하지도, 알지도 못하며, 더군다나 그 지역에 200여 억 원의 돈이 쓰였다는 사실도 모르고 있다.

국가 차원에서도 문재인 정부가 들어서면서 그린 뉴딜을 지향하며 도시 재생 뉴딜을 표방하고 있다. 그 출발점은 2015년에 제정된 관련법인 「도시 재생 활성화 및 지원에 관한 특별법」이었다. 그 후 특별법은 2017년과 2020년에 사업 시행자에 마을기업이나 공기업을 포함시키고 사업 시행에

국가와 지방자치단체의 예산 지원 근거를 마련함으로써 적극적 추진 체계를 갖추었다.[24)]

　재개발과는 달리 도시 재생은 지역의 특성을 고려하여 점진적으로 추진해야 하기 때문에, 지역 주민들의 의견 반영이 매우 중요한 사업이다. 재생 사업에 대한 주민들의 여론 악화나 무관심이 팽배해질 경우 추진이 어렵게 된다. 도시 재생에 주민들이 부정적이고 무관심한 이유는 부분적인 도시 재생만으론 애초에 무계획적으로 지어진 낙후 지역의 한계를 해결할 수 없다는 데에 있다. 특히, 애초에 난립한 주거 지역의 도시 기반 시설은 재개발이라는 광역적 방법이 아니면 주민을 만족시킬 만큼의 개선을 기대할 수 없기 때문이다.

　2020년 서울 도시 재생 사업에 13개 지역이 선정되어 추진되었다. 여기에 매년 1조 5,000억 규모의 예산을 지원하고 있는데, 이는 그곳에 살고 있는 주민들이 아닌, 사업을 추진하는 소수 집단의 이상을 실현하기 위한 실험에 재원을 소모하는 사업이라고 할 수 있다. 달성할 수 없는 이상에 투자하는 헛된 사업이고, 공상적 도시 설계자들이 자신의 이상을 실현하기 위해 시민들이 낸 세금을 매년 1조 5,000여 억 원씩 사용하고 있는 대표적 사업이라고 할 수 있다.

　하지만, 서울시는 도시 재생을 시정의 역점 사업으로 추진하고 있다. 2012년 팀 단위의 추진 조직을 2020년 195명의 도시재생실로 확대하였다. 도시 재생을 추진하는 관련 조직의 인원을 합산하면 총인원은 255명에 달한다.

---

24) 이에 따라 5년간 50조의 예산이 도시 재생에 투입되었다. 그러나 그 효과는 거의 미미하다고 할 수 있다. 채널A, 현장 카메라, 2020.10.13.

도시 재생 2020년 예산 규모

총 계	1조 5,411억 원
일반 회계	1조 1,373억 원
주택 사업 특별 회계	1,714억 원
도시 개발 특별 회계	2,177억 원
균형 발전 특별 회계	147억 원

결론적으로 요약하면, 도시 재생은 국가의 도시 공간 구조 체계를 근원적으로 바꾸려는 혁명적인 시도라 할 수 있다. 그래서 위험한 것이다. 국민의 뜻과 관계없이 소수의 이념적 지향에 의해 그 이념을 대한민국 땅에 정착시키고자 하는 '이념적 그랜드 디자인' 차원에서 다루어지는 것이기 때문이다.[25]

라. 줄줄 새는 시민 세금

세금이 어떻게 쓰이는가는 그 일을 직접 담당하는 공무원이 아니고서는 정확히 알 수 없다. 근거 규정 없이 쓰이는 돈은 없기 때문이다. 문제는 사용할 수 있다는 규정이 있다는 것만으로 세금이 낭비되지 않았다고 말할 수 없다는 데 있다.

국가든 지방자치단체든 국민으로부터 거둔 세금인 예산을 사용하는 데 있어서 '보이지 않는 룰'이 있다. 말하자면 공리주의 원칙이다. '예산을 사용하는 사업이 다수의 최대 행복에 기여하는가'라는 룰에 의해 사업의 우선순위가 결정되는 것이다. 명시적인 기준은 없지만 모든 공직자의 판단을 기준으로 작동하고 있는 것이다.

만일 어떤 예산 사업이 특정 개인만을 위해서 사용된다고 가정하면 그것이 올바른 사업이라고 말할 사람은 누구도 없다. 최소한 특혜라고 말

---

25) 민간 주도의 도시 개발에 공공시설을 지원하는 합리적인 방식이었던 기존의 재개발 방식을 일방적으로 폐기하고, 지역별 도시 재생 센터를 만들어 소위 편향적인 환상에 물든 도시 계획가나 건축가 또는 소셜 디자이너들을 총집합시켜 공동체적 이상을 실현한다는 것이나 다름없다. 이를 앞세워, 사실상은 그들의 먹거리로 활용되고 있다는 의혹의 시선도 있다.

하거나 형법상 횡령 또는 배임으로 재단될 것이다. 또 특정 집단이나 소수의 사람에게만 예산이 집행된다고 가정하면 이 또한 설득할 만한 논리, 즉 소수에게 예산이 사용되는 것이 충분히 합리적이고 설득력 있는 논기가 제시되지 않는 한 수용되기 어려울 것이다. 그러나 현실에는 이와 유사한 정책이나 예산 사업이 비일비재하다.

특히, 선거에 의한 자치단체장이 들어선 이후, 이런 현상은 더 심화되고 있다. 특정 정책 대상에 대한 유사하고 중복적인 예산 사업들이 매일 쏟아지고 있다. 많은 국민들이 세금을 내는 것에만 신경을 쓸 뿐, 그 세금이 어떻게 쓰이는지에 대한 관심은 거의 없다는 것을 교묘히 활용하는 것이다. '포퓰리즘(populism)'에 의해 표가 되는 정책은 대상을 가리지 않고 매일 같이 쏟아져 나온다. 버젓이 드러내 놓고, 매표 행위가 벌어지는 것이다.

사례 13. 청년수당 지급

2016년 박원순 시장은 미취업 청년에게 '청년수당'을 지급한다고 발표하였다. 청년을 돈으로 매수하려는 속셈이었다. 당연히 당시 정부는 이를 반대하였다. 청년 취업에 효과적이었던 제도로 2010년부터 시작해 청년 취업 대책으로 정착된 청년 취업성공패키지 제도를 이미 운영하고 있었기 때문이었다.

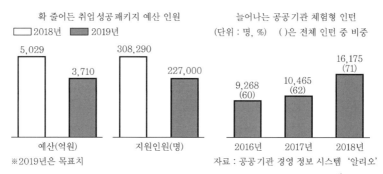

2017년 이후 의도적으로 축소한 10년간 정착된 취업성공패키지[26)]

---

26) 고용 노동부 자료.

그러나 박원순 시장은 이를 강행하였다. 받는 사람들은 누가 주든 많이만 주면 좋다는 무조건적 지지를 보냈고, 이를 배경으로 밀어붙인 것이다. 포퓰리즘 정책은 결국 '공짜 선호'라는 심리에 기대어 자란다는 사실을 이용한 것이다. 같은 당으로 이전 시기에 시장을 했던 사람들은 그것이 올바르지 않다는 것을 알았기 때문에 그런 정책을 시행하지 않았을 뿐이다. 합리적 기준 파괴 행위는 국가 전체적인 사회 비용이 되어 결국에는 국민들이 다시 짊어져야 하는 짐으로 되돌아온다는 것을 알고 있었기 때문이었다. 그렇게 합리적 기준이 파괴되었던 대표적인 사례가 바로 청년수당 정책이었다. 불행히도 이런 정책은 다시 되돌릴 수 없다. 어떤 선출직 공무원이 청년수당을 없앨 수 있겠는가?

청년수당은 2016년에 1,000명 수준으로 시작하였고, 2017년부터 2019년까지는 매년 두 차례씩 평균 5,000명 수준으로 지원되더니, 2020년에는 지원 대상을 3만 명으로 급격히 늘렸다. 본인의 2022년 대선을 염두에 둔 매표 정책이라고 말하지 않을 수 없다. 그는 이제 더 이상 이 세상 사람이 아니지만, 그가 남겨놓은 포퓰리즘의 폐해를 감당하는 것은 오로지 남아있는 자들의 몫이다.

2020년 서울 청년수당 예산은 904억 원이었으며, 청년센터 등 관련 예산을 포함하면 총 1,353억 원이었다.

청 년 형

개 요

- □ 조 직 : 1청 7팀 (청년기획팀, 청년협력팀, 청년교류팀, 청년활동지원팀, 청년공간운영팀, 청년공간조성팀, 청년인재발굴팀)
- □ 인 력 : 30명 (4급 1명, 5급 7명, 6급 이하 22명)
- □ 예 산

(단위 : 백만 원)

구분		2020 예산	%	2019 예산	%	증 감	%
일반 회계	계	137,665	100.0	45,404	100.0	92,261	203.2
	행정 운영 경비	69	0.1	49	0.1	20	40.8
	사업비	137,596	99.9	45,354	99.9	92,242	203.4

청년 사업 관련 조직과 총 예산

청년수당 예산이 2019년 180억에서 2020년 904억으로 5배나 증가한 것이다.

서울 청년수당	18,030,000	90,400,000	72,370,000		
			(100-201-01) 사무관리비		400,000
					청년청

부서·정책·단위·세부	2019	2020	증감	예산과목 및 내역	(단위 : 천원)
			▽ 콜센터 운영	300,000,000원 =	300,000
			▽ 모집신청 홍보 및 실태조사 등	50,000,000원 =	50,000
			▽ 심사위원회 운영	50,000,000원 =	50,000
			(100-301-01) 사회 보장적 수혜금		90,000,000
			▽ 청년 활동 지원비	500,000원*6개월*30,000명 =	90,000,000

청년수당 예산

포퓰리즘 정책은 한번 만들어지면 구멍 뚫린 제방 같아서 유사한 정책들이 양산되어 그 제방이 무너져야만 없어진다. 우리는 제방에 뚫린 작은 구멍이 점점 커져 결국은 무너질 때까지 뻔히 바라만 보는 바보들이 되었다.

사례 14. 폭증하는 위원회, 센터, 그리고 급증하는 민간 위탁

소수의 정치 성향 집단에게 시민으로부터 거둔 세금을 사용하는 빈도와 금액이 점차 증가하고 있다. 시민으로부터 거둔 세금을 사용할 때에는 시민 절대다수의 편익이나 삶의 증진에 도움이 되는 분야에 우선 사용되어야 하는 것이 당연한 일이다.

지난 2012년 이후 10여 년 동안 수많은 위원회가 설치되었다. 특히, 2017년에 189개이던 위원회는 2020년 사이 236개로 급격히 증가하였다. 위원회는 주로 조례에 의해 설치된다. 문제는 사업의 일환으로 설치되는 센터다. 각종 이름을 내건 센터가 우후죽순으로 설치되었다.

2020년 설치된 센터 현황

센터명	기능	예산
도시 재생 센터(13개소)	전문가 자문, 주민 교육 및 워크숍, 주민 소통 및 홍보	66억 (마장 지역 센터 1개소)

센터명	기능	예산
청년 센터(6개소)	청년 센터 관리 시스템 운영, 교육, 자문	64억
청년 공간 무중력 지대(11개소)	청년 놀이공간	62억
노동자 종합 지원센터(1)	노동자 활동 지원 총괄	78억
서울 노동 권익센터(1)	노동자 권익 보호, 교육 등	36억
사회적기업 지원센터(1)	마을기업 발굴 육성, 해외 연수 등	58억
자치구 사회적 경제 통합 지원 센터(25개소)	사회적기업 관련 지원, 교육 등	31억

도시재생실, 노동민생정책관, 청년청 등 3개 부서와 관련된 센터만 정리해도 50개가 넘고, 사용하는 예산만 400억 원에 이른다. 도시 재생 센터 13개 중, 마장 지역 한 곳만 해도 66억에 이른다. 물론 지역의 각종 사업은 센터가 수행하며 모두 민간 위탁 형식으로 이루어진다.

센터는 건물을 짓거나 임차하고 운영하는 것만으로 끝나는 것이 아니다. 시에서 사업을 위탁받아 처리하는데도 예산을 사용한다. 또 센터가 지역별로 일정 수 이상 만들어지면, 센터와 센터를 연결하는 총괄 센터가 또 만들어지는 방식으로 확장된다. 주민 공모 사업이란 명목으로 수많은 용역 사업이 진행되며, 눈에 보이지 않는 경로로 세금이 밀물처럼 빠져나가고 있다.

사례 15. 공공 부문이 일자리를 창출할 수 있다는 환상

가장 손쉽고 확실한 공공 부문 일자리는 공무원 증원이다. 정부와는 달리 지방자치단체의 정원을 늘리는 것은 어렵다. 총액 인건비에 의해 통제되고 있기 때문이다. 그럼에도 2014년 이후 서울시 공무원 수는 2016년을 제외하고 계속 증가하는 추세를 보이고 있다.[27]

---

27) 서울시 통계자료 인용.

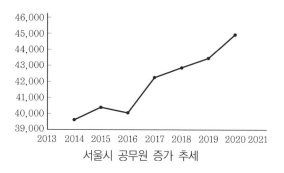
서울시 공무원 증가 추세

예산서를 잘 살펴보면 민간 이전, 민간에 대한 경상 보조, 민간에 대한 보상금 항목이 있다. 이는 모두가 예산을 직접 민간에게 지급하는 항목을 말한다. 정부도 마찬가지지만 지방자치단체들도 이런 항목의 예산이 늘어나는 추세다. 성장 동력에 투자하는 것보다는 직접 민간에게 돈을 주는 것이 훨씬 쉽고, 정치적으로도 효과가 크기 때문이다.

공공 일자리 중 가장 대표는 과거부터 국가 위기 상황에 한시적으로 실시해 오던 공공근로 사업이다. 그러나 현 정부에 들어와서 공공 부문 일자리는 공무원의 대폭 증원을 포함하여 전방위적으로 추진되고 있다. 경기 침체 위기 속에서 어려운 취약 계층에 초점을 맞추어 근원적 일자리를 만드는 것보다는 실업률을 최대한 방어하려는 정치적 목적이 더 커 보인다는 의심을 사고 있다.

취약 계층을 도와주는 가장 확실한 방법은 그들에게 안정적인 일자리를 제공하는 것이지만, 문제는 그 일은 정부가 할 수 없다는 것이다. 정부는 그저 한시적인 생계를 보호해 줄 수 있을 뿐이다. 일자리는 정부가 아니라 기업이 제공한다. 기업을 살리는 정책이 일자리 정책이라는 것을 알지 못하는 것인지도 모른다. 정부는 경제 상황이 어려울수록 기업에 대한 간섭과 규제를 최소화하고 세금을 대폭 인하하여 그 이익으로 사람을 고용하도록 유도해야 한다. 이 방법이 일자리 창출의 핵심이다. 정부가 풀 수 있는 예산은 경상비를 제외하면 기껏해야 100조 안팎이다. 그것도 부채로 충당해야 한다. 그러나 규제가 풀리고 세금이 경감되면 그 수백 배가 투자된다. 고용은 당연히 증가할 것이다.

지방자치단체도 마찬가지다. 규제가 제거되어 민간이 재건축·재개발을 활성화하면 자연스럽게 건설업도 활성화 되어 그 분야 취업률이 상승한다. 가장 어려운 취약 계층은 단순 노동으로 살아가는 사람들이며, 그들의 일자리는 건축 현장에 있다. 건축 현장이 많아져야 그들의 일자리가 늘어나는 것이다. 건축 현장이 많아지도록 하는 것은 정부의 공무원이 아니라 민간 건설업자들이다.

그러나 정부나 지방자치단체의 정책은 완전히 정반대다. 공공 일자리를 만들어서 고용을 유지하겠다는 꿈을 아직도 버리지 못하고 있다. 서울시 공공 일자리는 기껏해야 올해 5,000명에 불과하다. 그것도 취약 계층이 아닌 그 돈이 없어도 살 수 있는 사람이 대부분이다. 헛된 꿈에서 깨어나는 길은 경제가 더 어려워져서 공공 일자리마저도 시행할 수 없는 시점에 이를 때까지 기다리는 것뿐일지도 모른다.

서울시는 공공 일자리(서울형 뉴딜 일자리) 사업으로 2019년에 921억 원을 사용하였고, 2020년에는 885억을 사용하였다. 가장 큰 일이 예산을 사용하기 위한 일거리를 만드는 일이 되어버린 것이다. 그러나 정부나 지방자치단체는 일자리를 만들 수 없다.

서울형 뉴딜 일자리	92,173,629	88,482,400	△3,691,229		
			(100-101-04) 기간제 근로자 등 보수		42,210,000
			▽ 기간제 근로자 등 보수 (서울시 사업 인건비)	=	42,210,000
			· 전일 근무형	39,330,000,000원 =	39,330,000
			· 파트 타임형	2,880,000,000원 =	2,880,000
			(100-201-01) 사무관리비		3,298,900
			▽ 교육 훈련 및 재료비	1,512,000,000원 =	1,512,000
			▽ 교육운영 지원기관 용역비	1,286,900,000원 =	1,286,900
			▽ 사업 홍보(홍보물 등)	400,000,000원 =	400,000
			▽ 모니터링 및 평가(취업률 만족도 등)	100,000,000원 =	100,000
			(100-201-02) 공공 운영비		24,000
			▽ 뉴딜 복합 공간 운영비	2,000,000원*12개월 =	
			(100-307-02) 민간 경상 사업보조		29,417,500
			▽ 시/투출 기관 민간공모	=	13,005,000
			· 전일 근무형	10,350,000,000원 =	10,350,000
			· 파트 타임형	1,440,000,000원 =	1,440,000
			· 직무 교육 및 재료비	1,215,000,000원 =	1,215,000
			▽ 기업 민간공모	=	16,412,500
			· 스타트업 맞춤형	3,450,000,000원 =	3,450,000
			· 민간기업 맞춤형/대학기업 연계형	11,500,000,000원 =	11,500,000
			· 직무 교육 및 재료비	1,462,500,000원 =	1,462,500
			(100-308-01) 자치 단체 경상 보조금		13,532,000
			▽ 인건비		13,100,000
			·전일 근무형		11,500,000
			·파트 타임형		1,600,000
			▽ 직무 교육 및 기타 운영비		432,000

공공 일자리 예산

사례 16. 서울역 고가차도 보행 도로화 사업(서울로 7017)

예산 낭비 사례는 서울역 고가차도를 보행 도로로 만드는 사업에서도 드러난다. 도로나 대규모 공원 설치 등 건설 관련 사업 추진에 극도로 부정적 인식을 가졌던 시민 단체 출신 시장은 어찌 된 일인지 안전에 문제가 심각하여 두 차례나 안전진단 D등급을 받은 서울역 고가차도를 철거하는 대신에 보행 도로를 만들기로 한다. 아마도 뉴욕의 철도를 공원화한 하이라인 파크에서 영향을 받은 듯하다. 고가 도로 보수비가 매년 43억이나 들지만, 서울의 4대문과 마포, 용산 지역을 연결하는 지역 도로로서 큰 역할을 하고 있던 고가차도였다. 1970년에 건설되어 50년 가까이 되었으니 제 몫을 다한 것이다.

그러나 2017년 예산 597억을 들여 보행 도로로 바꾸어 놓았다. 정책적 선택이지만 도시 재생이라는 거대한 흐름을 타고 만들어진 하나의 상징물이었다. 하지만 그것은 잘못된 판단이었다. 차도가 보행 도로로 바뀌면서 남대문 시장과 마포 만리동, 용산 청파 지역이 단절되었고, 그만큼의 교통 혼잡으로 인한 사회적 비용이 증가하였다. 더군다나 지상 17m 높이의 콘크리트 고가 도로는 한낮에는 열기로 걷기가 힘들 정도며, 억지로 화분에 나무를 심어 줄줄이 늘어놓아 걷기가 어려울 정도로 협소한 공간이 되어 버렸다. 보행 도로가 아닌 보행 위험 도로였다. 또한 도시 재생이라는 근본 취지에도 맞지 않았다. 보행 친화적인 도시 공간으로 만들려면 고가차도를 철거해서 보행 공간을 평면화할 일이었다. 누가 뭐래도 치적에 굶주린 조급함의 산물이 바로 서울 고가차도 보행 도로화 사업, 즉 '서울로 7017'이었다.

또 하나, 지속적인 관리 비용이 들어간다는 점이다. 도로 위에 놓인 2만 4058주가 심어져 있는 화분 645개의 관리와 도로 자체의 안전관리에 드는 비용으로 매년 43억 원이 들어간다. 철거를 했다면 발생하지 않았을 비용이 지속적으로 들어가는 것이다.

한번 잘못된 정책적 판단은 지속적으로 잘못된 정책을 양산한다. 이 같은 판단이 보행 공간의 평면화가 아닌 보행 공간을 공중으로 연결하겠다는 계획으로 이어진 것이다. 2020년, 서울시는 서울 고가차도 보행로를 남산과 마포, 용산 방면으로 연결하겠다는 계획을 발표하였다.

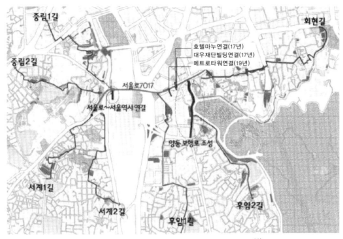

서울역 고가차도 보행로 연결 위치도[28]

　그러나 이 지역 일대는 사실상 권역 전체를 보고 계획하는 소위 그랜드 디자인이 필요한 지역이다. 서울 중심부와 서부 지역을 갈라놓고 있는 거대한 철로를 지하화해서 양 지역을 평면화해야 한다. 양 지역을 연결하는 큰 계획 하에서 예산을 투입해야 하는 것이다. 도시 재생은 바로 도시의 공간을 더 가치 있고, 매력 있는 공간으로 재창조하는 것이다. 지금의 도시 재생은 밖으로 외출하는 사람이 짙게 화장하는 것이나 다름없는 보여주기식 사업에 불과하다.

　서울역 일대야말로 독일의 슈투트가르트 역 주변 철도를 지하화해서 그 지역 일대를 발전적으로 복원하고 있는 사업을 교훈 삼아야 할 지역이며, 철도를 지하화하는 사업과 연계하는 방안을 진지하게 검토해야 할 장소다. 서울역 고가차도(서울로 7017)와 연계한 걷고 싶은 거리 조성 사업은 근원적인 서울역 철도 지하화 사업과 함께 이루어져야 한다. 서울

28) 서울시 업무 보고, 도시재생실, 2020.

역 일대 지하화 사업을 전제하지 않고 지금처럼 소규모 예산을 투입하여 사업을 진행하면 나중에 회수하지 못할 함몰 비용으로 낭비될 뿐이다.

사례 17. 고가차도 하부 공간 활용

또 하나의 보여주기식 사업이 있다. 2012년 이후 진행되었거나 진행되고 있는 많은 사업들이 보여주기식 사업에 속한다. 돈을 들여야 할 곳엔 들이지 않고 눈에 보이는 곳에만 화장을 하고 있는 것이다. 그중 하나로 고가차도 하부 공간에 쓸데없는 돈을 들이고 있다는 것을 지적하지 않을 수 없다. 고가차도 하부에 나무 심은 화분을 갖다 놓고 스스로 만족해하는 수준이니, 이 정도는 그냥 넘어갈 수 있지 않겠냐고 할 수도 있겠지만 그게 아니다. 지도자의 잘못된 신념이나 방향 설정은 모든 구성원들의 작은 일에도 그대로 영향을 미치기 때문이다. 그 예로 고가차도 하부 공간을 리모델링하는 사업에 대해 살펴보자.

고가하부 리모델링 사업[29]

이는 바로 고가 도로 하부 공간에 예술 작품을 설치하거나 쉼터를 만든다는 계획이다. 차도를 건너가야 하는 고가 도로 밑에 쉬는 공간을 만든

---

29) 서울시 업무계획, 도시재생실, 2020.

다는 발상은 차라리 귀엽다고 해야 할지도 모를 일이다. 하지만 예산이 들어가는 일이니, 헛웃음만 나올 뿐이다. 고가 도로는 교통에 영향이 없다면 철거해서 평면화하는 것이 순리다. 그런 방향으로 도시 관리의 패러다임이 바뀐 것은 2000년대 초반이었다. 그러나 고가차도는 그대로 두고 이를 전혀 다른 용도로 활용하는데 돈을 들이는 사태는 모두 다 도시 재생을 잘못 이해하고 있는 지도자 탓이기도 하다. 이제 탓할 지도자는 없어졌지만, 그 10년간의 유전자는 아직도 많은 공무원들의 뇌리에 남아 유사한 정책으로 이어지고 있는 것이 안타까울 따름이다. 고가차도 하부 공간은 고가차도의 안전과 그 주변 도로 관리에 필요한 장비들을 깨끗하게 보관하는 공간으로 활용하면 충분하다.

서소문 고가차도 하부 공간 예술화 사업 현장(2020년 9월)

마. 극단적 이념을 앞세운 행정

이념의 극단화 현상은 2011년 이후 서울 시정의 오염 사례 중, 가장 본질적인 문제이기도 하다. 이 현상은 행정 곳곳에 침투해 예산으로, 조직으로, 사업으로 구체화되어 나타나기 시작하였다. 민주라는 가치와 젠더(性)

평등, 그리고 균형 개념과 노동 개념이 조직과 예산, 그리고 정책으로 나타난 사례를 보자.

사례 18. 젠더(性) 문제

다음은 성차별과 관련된 내용을 살펴보자. 아래 내용은 2020년 서울시 업무 계획에 등장하는 성평등 관련 업무에 대한 계획서 일부다. 성이라는 표현이 아닌 젠더라는 용어를 사용하고 있는 것은 남녀 구분이 아닌 모든 성적 주장의 가장 극단을 포괄하는 용어이기 때문이다. 젠더의 수는 수십 가지에 해당한다. 본인의 성적인 주체성은 주장하는 젠더를 인정하자는 가장 극단적 사고에 기인한다. 젠더 폭력은 남녀 간의 문제가 아닌 것이다.

▌젠더폭력에 능동적으로 대응하는 여성 인권도시 조성

● 디지털 성범죄에 선제적 대응 및 피해자 지원체계 구축
  – 디지털 성범죄 민주시민 모니터링단 활동 확대 : 4,473건('19) → 6,000건('20)
  – 피해자 대상 '찾아가는 지지동반자' 운영(3명) : 350건 ('19) → 800건('20)
● 맞춤형 폭력예방교육으로 사회인식 개선
  – 학교 및 장애아동청소년 성인권 교육 : 600회 22,000명
  – 폭력예방 공익광고 제작, 버스·지하철·전광판·영화관 등 집중 홍보(5~11월)

2020년 서울시 업무 계획 중 젠더 부분[30]

문제는 젠더 관련 조직의 창설이 실질적인 젠더 문제를 해결하고 진전하는 결과를 가져왔는가에 있다. 익히 아는 바와 같이 최상층부에서는 오히려 젠더 문제가 악화되고 있었다. 그것도 은밀하게 말이다. 결국 서울시의 젠더 관련 조직이나 인원의 창설은 사회적인 전시적 효과를 거두기 위한 가식적 행동에 불과한 것으로 입증되었다.

위의 보고서는 2020년도 서울시 업무보고서 중 젠더 폭력 관련 부분이다. 여성 인권도시라는 거창한 목표를 설정하고 조직과 인원을 투입했지만, 홍보와 교육의 효과는 과연 무엇인가? 조직이 목표를 달성하는 것과 거기에 돈과 예산을 들이는 것은 별개 문제다. 이는 조직 구성원들, 특히 상층부의 행태 문제에서 비롯되는 것임을 우리는 알 수 있다. 시민의

---

30) 서울시 2020년 업무계획에서 인용.

세금으로 추진하는 사업은 투자한 만큼의 목표를 달성했느냐가 그 사업의 지속성을 판단하는 유일한 기준이다. 그런 기준에서 볼 때 지금 서울시 행정은 그저 이런 구호와 가식을 숨기기 위해 조직과 인력, 예산을 투입하고 있는 것이다. 이는 하루빨리 걷어내야 할 가식의 잔재들이다.

사례 19. 성 소수자 해방구

> 1일 오후 국내 최대 성 소수자 축제인 서울 퀴어문화축제가 20회째를 맞이해 서울 광장에서 성대히 열렸다. 퀴어축제의 하이라이트인 퀴어 퍼레이드는 오후 4시부터 서울 광장을 출발해 을지로 입구, 종각, 광화문 광장을 돌며 행진했다.[31]

2019년 6월 1일 서울 광장에서 '서울 퀴어문화축제'가 열렸다는 기사다. 서울 퀴어문화축제는 20여 개의 성 소수자 단체 및 커뮤니티와 성소수자 인사가 참가하여 2000년 9월 8일 대학로와 연세대학교에서 이틀간 개최됨으로써 시작되었다. 이후 매년 장소를 달리하여 개최되다가 2015년부터는 서울 광장에서 열리고 있다.

소수의 목소리는 항상 존중되어야 한다. 그러나 존중과 장려, 진흥은 엄연히 다르다. 존중은 차별하지 않음을 의미한다. 성과 관련해서는 오랜 시대에 걸쳐 많은 변화가 있었으며, 지금도 진화 중인 화두다. 이제는 남녀평등에서 젠더 문제로 발전하였고, 50여개 유형의 성이 존재한다는 의미로 확장되고 있다. 성 주류화[32] 또한 의제로 확산되고 있다.

문제는 성평등과 관련한 의제를 공공적으로 다루는 정부나 행정 기관의 입장이다. 이를 어떻게 받아들이고 어느 수준으로 목표 의제를 삼는가에 대한 문제이다. 서울시의 2020년도 예산서에 있는 관련 사업을 보면 성 주류화 정책 수립 및 기반 조성에 1억 5,800만 원을, 성평등 문화 확산

---

31) 서울신문, 2019년 6월 1일.
32) 네이버 지식백과의 설명에 따르면 성 주류화(Gender Mainstreaming)란 여성이 사회모든 주류 영역에 참여하여 목소리를 내고 의사 결정권을 갖는 형태로 사회 시스템 운영 전반이 전환되는 것을 말한다.

조성에 4억 5,500만 원을 사용하였고, 성평등 관련 민간 단체에 1억 3,700만 원을 지원하였다.

성평등한 미래 도시 만들기를 위한 소모임 지원 사업	0	68,000	68,000		
			(100-307-02) 민간경상 사업보조		68,000
			▽ 소모임 지원 사업 운영	68,000,000원 =	68,000
		(×25,000)	(×25,000)		
성평등 청년 네트워크 지원 사업	0	35,700	35,700		
			(100-307-02) 민간경상 사업보조		35,700
			▽ 성평등 청년 네트워크 사업	35,700,000원 =	(×25,000) 35,700

성평등 관련 민간 단체 지원 예산

여기서 한 가지 지적하고 넘어가야 할 점이 있다. 성평등 문제, 특히 젠더나 성 소수자 문제에 대해 공공업무 영역으로 어느 수준까지 받아들여 시민의 예산을 사용해야 하는가이다. 행정 기관이 사회적 이념이나 가치의 최극단에 서 있다는 것은 분명 올바른 일은 아니다. 집회는 헌법적 가치에 따라 차별 없이 허용되는 것이 맞지만, 극단의 지점에 서 있는 단체까지 시민의 예산을 지원하는 것이 타당한가라는 의문을 제기하지 않을 수 없다.

정부나 지방자치단체는 1995년 이래로 꾸준히 성평등 목표를 설정하고 인사나 기관 운영은 물론 교육 등에 방향성을 가지고 추진해 왔다. 따라서 어느 분야보다도 성평등에 선도적인 역할을 해 온 분야이기도 하다. 그러나 2017년 이후의 정부나 2012년 이후의 서울시는 이 문제를 가장 극단주의 입장에서 받아들이고 정책을 시행해 왔다. 젠더 문제를 '정치적 올바름(Political Correction)'으로 수용하여 또 다른 보통 국민의 상식선을 침해하는 것은 아닌지 의문이다. 행정 기관이 정치적 개념인 정치적 올바름을 받아들이는 것이 바로 행정의 정치화이다.

사례 20. 서울민주주의위원회

사람은 어떤 생각이나 이념에 집중하다 보면 모든 사물을 그 틀에서만 바라보게 된다. 자신만의 눈으로 세상을 보게 되는 것이다. 그런 편향된 시각이 개인의 삶에 한정된 것이라면 문제가 없다. 편향된 시각에 의한 행동으로 타인에게 위해를 가하지 않는다면 말이다. 그러나 그런 시각이 공공의 영역으로 확장될 경우에 그 폐해는 심각해진다. 시민 단체의 시각에서 평생을 살아온 한 개인의 편향된 시각이 서울의 정책을 최종적으로 결정하는 자리에 있다는 것 자체만으로도 심각한 악영향을 줄 것이라는 것은 예견된 일이었다. 수많은 편향된 정책이 10년에 걸쳐 양산되었지만, 그 편향의 극단에는 단연 서울민주주의위원회가 있다.

서울민주주의위원회는 2019년 서울민주주의위원회 설치운영에 관한 조례를 근거로 합의제 행정 기관이라는 정식 조직으로 탄생한다.

서울시 민주주의위원회 조직도 33)

서울민주주의위원회는 2019년 5월 서울시의회 상임위원회에서 이 기구 설치를 위한 조례가 한 차례 부결된 후에, 시장의 적극적인 주장과 밀어붙이기식 추진에 힘입어, 그해 9월 25일 합의제 의사결정 기구 기관으로 그 산하에 73명의 공무원 조직을 거느린 정식 조직으로 출범하였다. 임무는 사업 예산을 가지고 시민이 참여하는 공론장을 통해 예산을 편성하는 것이다. 이와 관련한 기사를 보자.

'박원순 표' 서울민주주의 시민위원회 출범34)

시민들이 직접, 시 예산 편성에 참여하고 정책을 평가할 수 있는 '서울민주주의위원회'가 우여곡절 끝에 출범한다. 위원회 출범에 앞서 조직 설치를 위한

33) 서울시 홈페이지에서 인용.
34) 한겨레, 2019년 7월 24일 자.

조례안이 시의회에서 한 차례 부결되면서 박원순 서울시장의 '독주' 논란이 일기도 했다.

서울시는 합의제 행정 기관인 서울민주주의위원회가 25일 출범한다고 24일 밝혔다. 이 위원회는 시민이 직접 정책 제안·심의·결정·평가 과정에 참여하는 민주주의 합의제 기구다. 위원회 출범으로 시민이 서울시 정책 분야의 예산을 편성하는 '시민숙의예산제'가 시작된다. 올해는 시범적으로 ▲사회혁신 ▲여성 ▲복지 ▲환경 ▲민생경제 ▲시민건강 등 6개 분야에 제한적으로 적용된다.

올해 위원회에서 편성할 예산은 1,300억 원으로 내년 2,000억 원, 2021년 6,000억 원, 2022년 1조 원까지 늘어난다. 기존에 운영하고 있던 '시민참여예산제'와는 별도로 운영된다. 시민참여예산제는 700억 원 규모의 예산 안에서 시민들이 직접 제안한 생활 정책을 예산 안에 반영하는 제도다.

공무 담임권을 가진 공무원이 아닌 시민 단체가 시 예산의 상당 부분에 공식적으로 개입하여 좌지우지할 길을 터놓았다. 시의회의 예산 심의권을 우회적으로 회피하는 방식을 택한 것이다. 그런 의미에서 시의회가 당초에는 그 조례안을 부결시켰던 것이다.

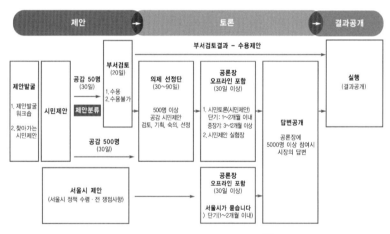

민주주의위원회 예산 편성 절차[35]

---

35) 서울시 홈페이지에서 인용.

시민 500명만 공감하면 예산 사업 의제로 선정되고, 이후 오프라인 공론장을 통해 예산 사업으로 확정되는 절차다. 예산 편성마저도 공무 담임권자들의 책임성은 사라지고 민중주의적 의사결정 과정이 자리한 것이다. 민주주의라는 아름다운 단어가 어떻게 변질되고 있는지를 눈으로 보고 있지만, 그 위험성은 전혀 느끼지 못하는 상황인 것이다. 자유가 기반이 된 민주주의가 아닌, 극소수의 이념을 기반으로 한 집단은 이익집단으로 변질될 수 있다. 우선 위원회 구성을 보자.

　합의제 의사결정 기구인 서울민주주의위원회는 위원장 1명과 위원 14명으로 구성되어 있다. 위원장으로 임명된 오관영은 한국에 '주민참여예산제' 도입을 주도한 인물이자, 지난 20여 년간 '함께하는 시민행동', '경제정의실천시민연합' 등 시민 단체에서 평생을 활동한 사람이다. 기관 추천과 시민 공모로 선정된 11명의 위촉직 위원도 대부분 시민 단체 운동가이거나 이와 관련된 사람들이다.[36] 일반 회계 예산 26조 9,000억 중 4.5%에 해당하는 예산을 서울민주주의위원회에서 편성한다는 것이니, 예산 편성의 편향성을 어떻게 담보할 수 있을지 의문이다. 더군다나 일반 회계 예산 중, 경상비나 계속사업비 등을 제외한 실제 사업 예산은 7조 안팎에 불과하다. 그 점을 감안하면 서울시 사업 예산의 20% 가까이를 서울민주주의위원회라는 조직에서 편성하는 것이다. 이념적 편향성을 가진 것으로 의심되는 조직에서 예산 편성권을 가진다는 사실만으로도 서울시 행정의 중립성을 심대하게 침해하는 사례라고 말할 수 있다.

---

36) 출범 당시 선정된 위촉직 위원은 강명옥 위원(현 사단법인 한국국제개발연구소 대표), 류홍번 위원(현 시민사회단체연대회의 시민사회활성화 위원장), 송문식 위원(현 청년청 인재추천위원회 위원), 양소영 위원(현 법무 법인 숭인 대표변호사), 이은애 위원(현 사회적기업 사단법인 씨즈 이사장), 이종창 위원(현 대통령소속 도서관 정보정책위원회 위원), 김백곤 위원(전 양천구 행정지원국장), 우지영 위원(현 대통령직속 정책기획위원회 자문위원), 최상명 위원(현 우석대 공공 금융정책학과 부교수), 김의영 위원(현 서울대학교 정치외교학부 교수), 김혜경 위원(현 이화여대 융합보건학과 부교수) 이다. 명단은 서울시 홈페이지에서 인용.

2. 흩어진 열정

가. 중심을 잃은 서울시

이념을 향해 치닫던 시민 단체 출신 시장은 어느 날 갑자기 사라졌다. 10년의 서울이 갑자기 공중 분해되었다. 공적인 지도자가 그런 선택을 한 것은 충격적이고 유감스러운 일이지만, 서울을 10년이나 책임져온 지도자로서 해결하기 어려운 숙제들을 남겨 놓은 채 떠난 것은 무책임한 행동이다. 이는 서울의 문제만을 양산해 놓은 것이며, 지워지지 않을 정치적 유전자를 남아 있는 공직자들에게 심어 놓은 것이다. 지금도 그의 유전자는 현재의 서울시 정책에 고스란히 남아서 유령처럼 관성의 힘으로 시행되고 있기 때문이다.

완전하게 정치의 노예가 되어 왔던 10년의 유전자는 남아 있는 공직자들의 머릿속에 완전히 각인되어, 이제는 문제 인식조차도 못하고 있는 지경에까지 이르렀다. 2020년 초에 정치적으로 결정되었던 정책들이 관성의 유전자에 힘입어 아무런 비판도 없이 진행되고 있다. 시장(Market)을 대체하겠다는 계획이 버젓이 발표되고 있는 것이다.

아직도 서울은 죽은 자의 영혼이 지배하는 공간이다. 남은 자들의 판단력도 합리적인 이성도 마비된 지 오래다. 시장이라는 지도자를 잃어서 중심을 잃은 것이 아니라 10년간 물들은 '반시장주의(Anti-Free Market Ideology)'적 망령에 의해 공공조직이 병들어 갈피를 못 잡고 있는 것이다.

나. 공적 에너지의 분산

당초의 서울은 이런 지경까지 이르지는 않았었다. 중국 한족이 변방의 이민족들에게 지배를 받았을지언정, 그들의 정신세계는 살아남아 오히려 이민족을 동화시키는 힘으로 작동하였다. 이처럼 서울시를 구성하고 있던 공직자들의 정신세계와 역량은 출중하였다. 어떤 시장이 오더라도 행정의 중립이라는 결기가 작동하여 대부분의 정책에서 정치적 중립을 지켜내는 역량을 가졌었다. 지금도 많은 수의 공직자들은 예전처럼 중심을 견고히 지키고 있겠지만, 10년간의 예속은 너무나도 깊은 상처다. 서서히 그 결기도 정치의 칼날에 무디어져 동화되고, 어떤 경우는 선봉에 서기까지 한 것이다.

서울은 다른 중앙 정부나 지방자치단체와는 다른 독특한 장점을 지니고 있는 전통이 있다. 부처 이기주의가 거의 존재하지 않는다는 것이다. 서울의 문제가 발생하면 모든 조직이 자발적으로 그 문제 해결에 참여하는 자동화 시스템처럼 움직인다. 그래서 다른 공공조직보다 빠른 시간 내에 문제를 해결한다. 그것이 서울의 역량이다.

물론 서울시 공무원들의 능력이 뛰어난 이유도 있지만, 어찌 보면 시 공무원들이 뛰어난 실력을 갖게 된 이면에는 수준 높은 시민들이 있었기에 가능하였다. 높아지는 시민들의 요구 수준에 대응하지 못하면 살아남지 못한다는 절박감과 선험적 필요가 구성원들의 수준을 높여 준 것이다. 그것이 가능했던 이유는 정치에 예속되지 않았기 때문이다. 다수 시민들의 요구를 해결하려는 노력은 정치적으로 해결하는 것보다 훨씬 어렵기 때문이다.

사실 정치적으로 문제를 해결하는 것만큼 쉬운 일은 없다. 정치는 적정한 대안이나 분석을 기반으로 한 비용효과분석 등이 필요치 않기 때문이다. 다수의 힘이나 표의 유·불리만 고려하면 되는 단순 해법이기 때문이다. 공적 에너지는 자유로운 시장 질서를 존중하고 그런 시장 질서 아래서 문제를 해결해 나가는 데 절대적으로 필요한 요소다. 정치에 의해 지배되는 공적 공간에서는 공공의 에너지가 올바른 방향으로 집중될 수 없다. 따라서 정치가 지배하는 공간에서 공적 에너지는 흩어져 효과를 내지 못한다. 이는 현재의 서울이 가장 먼저 해결해야 할 과제다.

제4장

서울의 미래 – 새로운 꿈,
360만 평 창조 프로젝트

— Seoul New Frontier —

1. 후손들이 살아야 할 공간

공간은 기본적으로 넓으면 살기가 편하다. 이 명제는 누구에게나 진실이다. 좁은 공간에서 어울려 사는 것이 쾌적하다고 말할 수는 없기 때문이다. 그러나 이전에 언급한 것처럼 도시는 밀집함으로써 새로운 기회가 생긴다. 그래서 집적 효과를 발휘하는 것이다. 그러나 그것도 어느 임계점에 달하면 그에 따른 부작용, 즉 '부의 효과'가 발생한다. 부의 효과가 적정선으로 관리되고 유지되어야 기회비용이 늘어나지 않는다. 그러기 위해서는 도시에 항상 새로운 공간이 꾸준히 공급되어야 한다.

서울의 면적은 총 605km^{2}이며, 이곳에서 인구 1,000만 명이 살고 있다. 도쿄의 1/3, 뉴욕의 1/2이다. 그만큼 다른 세계 대도시에 비해 인구 밀도가 높을 수밖에 없다. 더군다나 도쿄는 도시 지역과 농촌 지역을 포함하고 있어서 도시 관리적 차원에서 훨씬 융통성이 있지만, 서울은 그렇지 못하다. 또 도시의 확장성 측면에서도 다른 세계 대도시들에 비해 불리한 여건을 가지고 있다. 사방이 높은 산으로 둘러싸인 분지 형태여서 도시가 확장할 여유 공간 자체에 근원적인 한계가 있다. 유일하게 확장 가능한 공간인 서울 남쪽으로는 이미 경기도와 연담화 되어 있다. 일부 서초, 강남의 그린벨트를 제외하면 이미 도시로 연결되어 있어서 공간의 근원적 확장은 불가한 상황이다.

최근 주택 공급 문제와 관련하여 그린벨트 해제 논란이 있었으나, 인구가 밀집된 서울 남부 지역의 허파 역할을 하고 있는 그린벨트는 더 이상 훼손할 수 있는 성질의 것이 아님을 많은 사람이 공감하고 있다.

이에 따라 서울은 1970년대 이후 강남 지역의 영동 토지구획정리 사업, 목동 개발 사업, 그리고 송파 · 장지 · 문정 지구 개발 사업 등으로 평면적 확대를 지속해 오다가 이제는 그린벨트라는 마지노선에 맞닿아 있는 상황이다. 더 이상 평면적으로 확대할 절대 공간이 부족한 상황인 것이다. 이 상황에서 공간 확대 요구를 해소할 방법은 평면적 확대에서 입체적 확대로 변하는 것이다. 용적률과 층고 관리라는 수단이 등장하였다. 도시의 입체화다.

기본적으로 공간을 확대하는 전통적인 방법은 도시의 평면 확대와 입체적 확대다. 평면 확대는 할 수만 있으면 가장 바람직하고 쾌적한 방법이지만 일정 수준 확대가 일어나면 더 이상의 확대가 불가능하다. 다른 하나는 입체적 확대, 즉 고층화다. 하지만 고층화는 많은 문제를 야기한다. 건설 비용이 증가하고 관리 비용도 증가하며, 쾌적성도 떨어진다. 그렇다면 더 좋은 방법은 없는가?

물리적인 평면 확대와 입체화라는 방식이 아닌 생각의 범주를 달리하면, 평면 확대보다 더 좋은 공간이 탄생될 수 있다. 기존 공간의 가치를 더 크게 만드는 방법이다. 즉, 덜 유용한 공간을 더 가치 있는 공간으로 업그레이드하는 방법이다. 그 방법에는 여러 가지 수단이 존재한다. 평면의 변동 없이 그 가치를 업그레이드하는 것이다.

가장 전형적인 방법은 재건축과 재개발이다. 기존 공간을 더 가치 있게 만들어 더욱 생산성 있는 공간으로 바꾸는 방법이다. 이 방법은 모든 세계 도시에서 수백 년에 걸쳐 진행되어 왔고, 지금도 진행 중이며, 앞으로도 지속될 것이다.

두 번째 방법은 버려진 토지를 재활용하는 방법이다. 난지도 쓰레기 산을 공원으로 바꾸는 사업이 대표적이다.

세 번째 방법은 평면의 지상과 지하 공간을 활용하는 방법이다. 기존의 지하상가 개발이나 건물 고층화가 이에 해당한다.

마지막 방법은 덜 유용한 토지를 더 가치 있는 공간으로 변화시키는 방법이다. 이 방법은 공간의 효용을 저해하는 요인을 제거하거나 이전하는 방식을 통해 이루어진다.

한강을 중심으로 설명해 보자. 한강 유역의 변화는 1986년 이전과 그 이후로 대비된다. 1986년 한강 개발 사업 이전의 한강 유역 토지는 대부분 한시적인 농토로만 이용되었다. 여름 홍수기에는 물에 대부분 잠겼기 때문이다. 당시 한강 유역은 지금의 강서, 양천, 동작, 서초, 강남, 송파,

강동 북부 지역 대부분과 마포, 용산, 성동, 광진 남부 지역 대부분을 상시적인 공간으로 사용하는 데에 극히 제한적이었다. 특히 여름철 홍수 시에는 용산 부근의 한강 물이 지금의 서울역까지 들어찼을 정도였다. 그러던 것이 1986년 한강 개발 사업 완공으로 한강 유역 유용 면적의 획기적 확대를 가져왔다. 한강 남북으로 각각 22km에 이르는 제방과 함께 여의도를 둘러싼 제방(윤중제)이 설치됨으로써 제방 안쪽으로 거대한 면적의 유용 토지가 생겨난 것이다. 사실상 서울 면적이 2배로 확대된 것이다. 쓸모없던 땅이 이전보다 더 가치 있는 땅으로 변한 것이다.

이제 서울의 면적을 확대하는 방법은 이 방법이 유일하다. 더 가치 있는 공간으로 만들면 그 가치만큼 서울 면적이 늘어나는 것이다. 평면의 확장은 이미 1960년대에 종료되었고, 입체적 확장은 확장하는 만큼의 부작용이 발생하므로 한계가 있다. 유일하게 남은 방법은 '덜 가치 있는' 공간을 '더 가치 있는' 공간으로 만드는 방법뿐이다.

2. 뉴 패러다임이 살아 숨 쉬는 곳

이런 차원에서 서울의 공간을 재점검해 보자. 2021년 현재 시점에서 서울에서 가장 가치 있는 공간은 어디일까? 명동? 강남? 아마도 토지 공시지가가 제일 비싼 땅이 가장 가치 있는 곳이라고 말할 수 있을 것이다. 왜 그런가? 원래부터 그곳이 가장 가치가 있었기 때문일까? 아니다. 그 땅을 활용하기 위해 비싼 값을 지불하더라도 그 공간을 활용함으로써 이익이 남기 때문이다. 토지의 가치는 그곳이 얼마나 추가적인 가치를 생산하느냐에 달려 있다. 이 점에서 우리는 생각을 달리해야 한다. 명동이나 강남, 서울 도심 또는 부도심 지역 이외의 지역을 더 가치 있게 만드는 방법을 생각해야 한다.

이 이야기를 본격적으로 시작하기 전에 생각해야만 할 부분이 하나 남아 있다. 토지의 가치는 누가 결정하는가의 문제이다. 물론 토지를 사용하는 사용자이다. 수요가 많은 토지는 당연히 가치가 상승할 것이고 수요가 적은 땅은 그에 반비례하여 가치가 상대적으로 낮게 평가될 것이다. 민간 시장의 원리에 입각한 토지의 가치 결정인 것이다. 그러나 토지는 그것이 전부가 아닌 특성을 갖고 있다는 점을 직시해야 한다. 도로나 건물 등 공적인 기간 시설이 구비되면 인근의 토지 가치가 상승한다는 점이다. 재개발·재건축에서의 공공시설을 정부가 일정 부분 구비해 주는 이유이기도 하다. 여기서 공공 부문이 중점을 두어야 할 역할의 방점이 어디에 있어야 하는지가 명확해진다. 이것이 토지의 가치를 높이는 일이다. 토지의 가치를 높이는 가장 일반적인 방법은 접근성을 높여 주는 방법이다. 도로를 넓혀주거나, 쉽게 접근할 수 있도록 구조를 개선하는 것이다.

3. 새로운 공간 창조

가. 한강의 의미

한강은 대한민국의 젖줄이다. 한강 수변에 인구 2/3 이상이 의지하며 살아가고 있기 때문이다. 강원도와 충청북도에서 발원하여 북한강과 남한강으로 흐르다가 경기도 양평에서 만나 서울을 관통해 서해로 빠져나간다. 총연장 497.5km로 서울 구간만 41.5km다. 강동구에서 강서구에 걸쳐 흐르며 한강을 접하고 있는 자치구가 13개에 이른다.

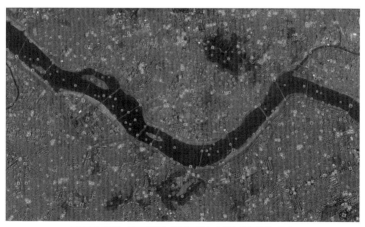

구글맵으로 상공에서 내려다본 서울 한강의 모습

강 유역은 선사 시대 이래로 인류가 모여 살아가는 터전이며, 생명을 유지하는 근원이었다. 인류가 일정 장소에 정착하여 살기 시작한 이후에 강은 물의 공급 근원지였기에 그 근처에서 살아가야 하는 운명적인 관계였다. 농사를 짓고, 마실 물을 얻으며, 또한 빗물이 흘러가는 통로로서의 강은 생명 부지의 근원적인 힘이었다. 점차 사람들이 강 주변에 몰려 살기 시작하자 인구 밀집도는 갑자기 높아졌다. 강 주변의 살만한 공간이 부족해지기 시작한 것이다. 이 현상은 다른 말로 표현하면 강 주변의 공간적 가치가 높아졌다는 의미이다. 단순한 강의 이용에서 강을 다스리는, 즉 치수의 역사가 시작되었다. 강을 관리하기 시작한 것이다. 강 주변을 사람이 살만한 공간으로 만들기 위한 필연적인 자구 노력이었다. 여름철 많은 비가 오면 평소에 집을 짓고 농사를 지으며 살던 공간에 물이 차올라 그동안의 노력이 허사로 돌아갔기 때문이었다. 한강의 치수 역사는 삼국 시대로 거슬러 올라간다. 사람이 밀집해 살던 공간 부근에 있는 강에 제방을 쌓기 시작하였으며, 배를 정박하기 위한 시설이 설치되었고, 물을 끌어들이기 위한 수로를 파기 시작한 것이다.

나. 과거의 한강 개발 사업

한강을 어떻게 이용하고 관리하였는지에 따른 시대 구분은 크게 두 단계로 나눌 수 있다. 1986년 이전과 이후다. 한강을 대하는 소극적 태도와 적극적 태도를 가르는 분기점이 바로 한강 개발 사업이 완료된 1986년이다. 한강을 대하는 획기적인 시각의 변화인 것이다.

1) 1986년 이전

선사 시대를 거쳐 삼국 시대, 고려 시대는 물론 조선 시대에 이르기까지 한강은 역사의 주 무대였다. 이 시대의 한강은 자연적인 물의 흐름에 순응하여 단순히 이용하는 소극적 시대였다. 인구가 밀집되지 않았기에 특별히 인공적인 장치에 의한 치수가 급박하지도, 필수 불가결한 요소도 아니었다. 물이 불어 오르면 고지대로 피신하고, 물이 빠지면 토사에 쌓인 강변에 농작물을 심어 가꾸면 그만이었다. 다만 그 당시에도 한강은 주요 교통수단이었기에 배가 드나드는 뱃길로서의 역할을 하였다. 자연적인 물의 흐름을 단순히 이용한 것이다. 조선 후기의 기록들을 보면 홍수기에는 물이 지금의 서울역 부근까지 들어찼음을 알 수 있다. 마포 나루 부근에 사는 선비가 남촌의 친구 집에 가기 위해 물이 빠진 후, 장화를 신고 진흙탕 길을 하루 한나절 걸어 당도했다는 기록이 있는 것으로 보아도 알 수 있다. 한강변의 토지 활용은 말 그대로 지형적인 고지대로 물이 들어차지 않는 곳에만 사람들이 모여 사는 자연 순응형인 것이었다.

마포와 정박 중인 선박들

사람들이 생각하는 단계는 거기까지였다. 순응하는 방식이었던 것이다. 배를 댈 곳을 만들거나, 언덕에 집을 짓거나, 그것도 아니면 홍수기에 물에 잠길 것을 감수하고 살아가는 방식이었다. 구조적인 개선을 생각하기에는 사람들의 시각이 따라가지 못했던 시기였다. 그런 사고의 고정은 수천 년간 이어져 조선 시대 말기까지 지속되었다. 그렇다고 해서 강변의 가치를 전혀 인식하지 못한 것은 아니었다. 강은 주로 교통로로 이용되었기에 강변 나루터는 물산이 거래되는 장터로서의 기능을 하였다. 다만 그 사용 방식이 자연 그대로 변형 없이 이용하는 데 익숙해져 있었을 뿐이었다. 한 단계 더 나아가 이를 적극적으로 변형하려는 시도나 연구, 또는 노력을 기울이는 데까지 이르지 못한 것이다.

생각이 미치지 못하면 행동은 절대 뒤따르지 않는다. 강을 더 효율적으로 사용하고 활용하려는 생각이 없었기 때문이다. 땅을 더 효용성 있는 공간으로, 삶의 가치를 더 높여 주는 공간으로서 인식하는 데까지 이르지 못한 것이다. 그 결과는 치수라는 적극적 행동으로 이어지지 않았다. 제방을 쌓아 물길을 다스리고, 갈수기에 강바닥을 파내서 물그릇을 키우는 적극적 행위로 이어지지 않은 것이다. 그로 인한 결과는 참혹하였다. 홍수기에는 서울의 절반 이상이 물바다였다. 그러나 한강이 피해만 준 것은 아니었다. 홍수기 때 상류에서 휩쓸려 내려온 모래들은 한강변에 자연스러운 모래사장을 만들었다. 7~8월 홍수가 지난 뒤에 한강변에 천연 백사장이 만들어진 것이다.

강은 여름 한 철 백사장에서 물놀이를 즐기거나, 겨울 동안 꽁꽁 얼어붙은 얼음을 캐내어 서빙고와 동빙고에 저장하였다가 여름철에 생선을 보관하는 데 사용하는 정도였다. 그 이상으로 발전하지 못한 것이다.

한강 백사장에서 수영을 즐기는 시민들(1956년)

한강에서 얼음뜨기

일제 강점기에 들어오고 나서는 한강을 건너는 교량 사업이 본격적으로 추진되었다. 서울과 부산을 잇는 경부선 철도 부설 사업의 일환으로 1900년에 한강 철도교가 가설되었다.

한강 인도교 가설 공사(1917년)

그 이후 1917년에 최초의 인도교인 한강 인도교가 건설되었다. 한강을 이용하는 것이 아닌 교통의 제약 요인으로 인식하고 이를 극복하는 단계였다. 적어도 이 시기는 적극적으로 한강과 관련된 사업을 추진하고 노력하던 시기였다.

2) 1986년 이후 한강 개발 사업 시기

한강을 대하는 인식이 획기적으로 변하는 변곡점이 바로 한강 개발 사업이다. 그동안 한강이 소극적으로 이용되고 관리되었다면 1980년대 초에 시작된 한강 개발 사업은 전적으로 한강을 구조적으로 변형하는 일대 혁명이었다. 기존의 한강 관리가 소극적인 방어였다면, 한강 개발 사업은 공격적 방어였다.

한강 호안 공사(1967년)

한강 호안을 따라 높은 제방을 쌓고, 한강의 상류와 하류에 각각 6m와 3m의 작은 댐을 설치함으로써 적극적으로 물을 이용하는 시대로 들어선 것이다. 물론 한강의 바닥 중앙지점을 6m 깊이로 준설하여 물의 통로를 크게 확장하면서 일정 규모의 배가 통행할 수 있도록 하였다.

3) 2006년 한강르네상스 사업

2006년 오세훈 시장이 취임하였다. 그는 4년 임기 중에 주요 정책 3가지 중 하나로 한강르네상스 프로젝트를 들고 나왔다. 말 그대로 1986년 완료된 한강 개발 사업 이후에 이루어진 최초의 종합적인 한강 개발 사업이었다. '한강르네상스 사업'으로 이름 지어진 이 사업은 회복과 창조라는 두 가지 추진 방향을 설정하고, 6대 목표와 8가지 실천 과제를 추진하는 것을 내용으로 하였다.

한강을 중심으로 서울의 도시 공간 구조를 재편하고 상암, 마곡, 용산, 잠실, 성동 지역에 워터프론트 타운을 조성하며, 서해연결 주운기반 조성과 함께 한강 중심의 에코 네트워크 구축과 한강으로의 접근성 개선, 그리고 한강변 역사 유적을 발굴하고 한강 공원을 테마 공원으로 리모델링하는 8가지 사업이 실천과제로 선정되었다.

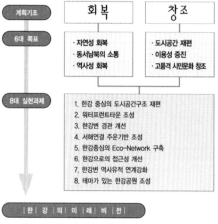

한강르네상스 기본 방향

이 8가지 사업 계획 중, 중점을 두고 추진된 사업은 한강을 중심으로 한 도시공간구조 개편 사업과 테마가 있는 한강 공원 조성 사업이었다.

도시공간구조 개편 사업의 핵심은 기존의 2020년 도시기본계획 상의 1도심, 5부도심, 11지역 중심, 53지구 중심 중 한강 부근에 5부도심, 5지역 중심, 8지구 중심, 마곡 전략중심지로 육성하는 것이었다.

영등포, 용산 부도심은 여의도와 용산의 국제 금융·업무 지구의 기능과 광역 주운 기능을 직접적으로 연계함으로써 금융과 업무의 거점으로 육성하는 것이었다. 경인운하를 통한 해상 접근성도 원활하게 할 수 있도록 여의도에는 CIQ(Customs, Immigration, Quarantine)를 건설하는 계획도 포함되어 있었다. 물론 핵심 공간인 용산 철도 정비창 등의 지역을 지하화하고 지상에 업무 빌딩들을 건축하는 용산개발계획 또한 추진되었다. 중구와 용산, 영등포를 잇는 거대한 업무 지구로의 변신을 계획한 것이다.

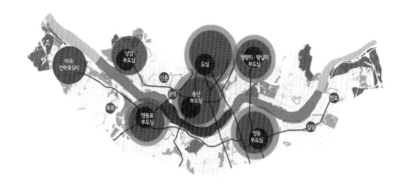

상암, 영동, 왕십리 부도심은 한강 공원과 한강에 연접된 지역의 도시
재정비 계획과 연계하여 수변 문화 활동 기능을 육성하는 방향으로 설정
하였다. 즉, 마곡 지역을 워터프론트 환경을 갖춘 첨단 산업 지구로 육성
하고, 이를 기존의 DMC 지구와 연계하는 것이었다. 영동 부도심은 왕십리
지역과 연계된 중심 상업 지구로 육성하는 계획이었다.

그러나 한강을 중심으로 한 도시공간구조 개편 계획은 방향성에서는
바람직하였지만, 실질적인 추진 계획이 결여되었다는 근원적 취약점을
가지고 있었다. 한강을 중심으로 한 도시공간구조 개편 계획은 지도상에
그림을 그린 것에 불과하다는 비판도 제기되었다. 실천 가능성보다는 한
강 주변에 대한 미래의 도시 계획적 관리 방향을 설정하는 것에 더 큰
방점을 두었기 때문이었다. 한강 주변의 토지 이용은 아파트 위주의 건
립으로 인해 한강 주변을 보다 가치 있는 공간으로 활용하는 데 제약이 있
다는 반성에 따른 것이었다.

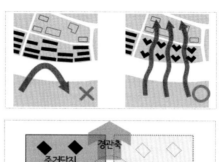

한강변 장기적인 도시 계획 관리 방안 구상도

이에 따라, 서울시는 당시의 도시기본계획에(당시 도시기본계획은 2007년에 수립되었으므로 목표 연도는 2020년이었음) 그 원칙을 명확히 정리해 놓는 수준에 그칠 수밖에 없었다. 그 내용은 '한강 주변 일정 거리에 위치해 있는 아파트 등을 재개발하거나 재건축할 경우에 일정 공간의 공공 공간을 내어놓도록 하는 것'이었다. 말하자면 한강변의 아파트를 개발할 경우 한강 제방으로부터 일정 거리의 간격을 띄워 놓고 그 공간을 서울시에 기부 채납하는 방식이었다.

기본적인 구상에는 개인의 재산권을 침해하는 내용이 있었고, 이것이 가장 근원적인 취약점이었다. 개인의 사유 재산에 제약을 가함으로써 공적인 목적을 달성한다는 인식의 출발은 전근대적이라는 비판을 받아도 마땅한 일이었다. 개인의 재산권을 침해하지 않고도 동일한 수준의 공적인 목표를 달성할 수 있다면 당연히 그 방법을 택할 일이었다. 하지만 당시에도 공적 목표 달성은 개인의 권리와 자유를 제약하고 침해해야만 달성 가능하다는 기본 인식이 배어 있는 계획이었음은 부인할 수 없는 일이었다. 안타깝지만 이런 경향은 2021년인 오늘에 와서는 더욱 심화되고 고착화되었으니 달리 무슨 말을 할 수 있겠는가?

8가지 핵심 사업 중 다른 하나는 시민들이 많이 찾는 공간인 한강 시민 공원 리모델링 사업이었다. 한강 시민 공원은 매년 누적으로 1억 명 이상의 시민들이 봄, 여름, 가을, 겨울 할 것 없이 찾아오는 공간이었는데, 그 공간을 보다 좋게 만드는 사업이었다. 사업의 핵심은 여의도, 뚝섬, 반포, 그리고 난지 시민 공원을 특화하여 시설물이나 내용을 업그레이드하는 것이었다.

Floating Island('08.6) 여의도 샛강('08.6)

여의도('08.9) 난지('08.9) 뚝섬('08.9)

한강 시민 공원 리모델링 사업 관련 4개 지역 조감도

반포 지구에는 물에 뜨는 인공 섬을 만들고 반포대교에 분수대를 설치하여 볼거리를 제공하도록 하였다. 여의도는 한강변 쪽에 시설물을 업그레이드하고 샛강은 생태 공원으로 만드는 사업을 추진하였다. 난지 지역은 생태를 고려한 친환경 시민 공원으로, 뚝섬은 강변 인근의 주거 밀집 지역임을 감안하여 시민들이 즐길 수 있는 다양한 시설물을 만드는 계획이었다. 이 4개 지구 특화 사업은 당초 계획에서 크게 벗어나지 않고 추진되었다. 개인의 사적 재산을 건드리지 않기 때문에 돈만 들이면 사업 추진이 비교적 수월했기 때문이었다.

결론적으로 한강르네상스 사업은 기본 계획상에서도 언급한 것처럼 회복과 창조라는 두 가지 방향성은 옳았지만, 두 가지 목적을 충실하게 달성하기에는 역부족이었다. 회복이라는 관점에서는 큰 성과를 보였지만, 창조라는 목적은 방향성만 제시하는 수준에 그쳤다. 더군다나 도시 공간 구조 개편의 핵심 내용이 한강 주변 개인의 땅을 재개발하거나 재건축할 때 공공 공간을 확보하도록 의무화하는 것에 그쳤기 때문에 실현 가능성 또한 높지 않았다. 더 큰 문제는 그 계획에 따라 확보하겠다는 공공 공간조차도 도로로 단절된 공간에 불과하였다는 점이었다. 창조가 아닌 추가적인 공공 공간 확보에 불과하였다. 그것도 언제 확보될지도 모르는 불확실한 것이었다. 그렇게 진정한 한강르네상스 시대는 구현되지 않았다.

수많은 연구와 노력과 투자에도 불구하고 왜 한강르네상스는 절반의 성공밖에 거두지 못하였는가? 강에 대한 인식이 단순 이용과 극복이라는 과거의 사고 체계에 익숙해 있던 상황의 지배 속에서 계획되고 실행되었다는 데 근본적인 원인이 있었다. 인식의 전환에서 창조는 시작되고 완성되는 것이다.

다. 새로운 공간 창조의 가능성

한강을 기존의 시각이 아닌 다른 시각으로 들여다보아야 창조의 공간이 생기는 것이다.

대한민국의 인구 5명 중 1명이 살아가고 있는 서울, 위성으로 내려다보이는 서울의 모습은 아름답다. 강이 있고 산이 있으며, 서울 동서를 가로지르는 W모양의 한강과 북에서 남으로 흐르는 중랑천, 그리고 한강의 지류인 홍제천, 불광천, 안양천, 정릉천 등이 있다. 서울을 병풍처럼 두르고 있는 내사산(內四山)인 북악산, 인왕산, 남산, 낙산과 외곽을 둘러싼 외사산(外四山)인 북한산, 덕양산, 관악산, 용마산이 있다. 항공 사진으로 들여다보는 서울의 모습이다.

구글 맵으로 본 서울 모습

그러나 위성 지도를 조금 더 깊이 드래그 인하여 들여다보면 온통 회색 공간이다. 조선 시대 말기에 인구 50만 명에 불과하였던 공간에 지금은 1,000만 명 이상이 살고 있다. 당시보다 면적은 두 배 정도 증가한 반면, 인구는 20배 이상 증가하였다. 면적은 $605km^2$로 도쿄나 뉴욕보다 작지만 인구 밀도는 높다. 좁은 공간에 많은 사람이 살아간다는 것은 각자의 개별 공간이 적어진다는 것을 의미하며, 수많은 도시 문제를 양산하고 있다는 말과 동일하다. 그렇기 때문에 더 높이 짓고, 더 깊이 파야하는 것이다. 평면의 공간 확대가 어려우니 입체적으로 공간을 확대하는 것이다.

수많은 고층 빌딩이 즐비하게 늘어난다. 급기야 백층 이상의 고층 빌딩이 들어서고 있다. 공간의 확대는 반드시 필요하다. 그래야 공적 공간 또는 개인 공간의 확대가 가능해지기 때문이다. 그러나 입체 공간보다는 평면 공간의 확대가 더 바람직하다. 가능하기만 하다면 평면 확대를 우선적으로 추진하여야 한다. 또 사람들이 일상생활을 영위하는 곳에 인접할수록 좋다. 차를 타고 한 시간 이상 달려서 도착할 수 있는 거리에 넓은 공원이 있고, 쉼터가 있는 것보다 자신이 살고 있는 거주지 인근에 산책할 수 있는 작은 공간이 더 가치 있고 소중하다. 뉴욕 센트럴 파크나

런던 하이드 파크가 사람들에게 사랑받는 이유는 사는 곳에서 가까이 있기 때문이며, 아침에 눈을 뜨고 가벼운 옷차림으로 다가설 수 있기 때문이다. 더군다나 그곳에서 경제 활동을 할 수 있다면 금상첨화다. 휴식과 창조의 공간이라면 더욱 가치가 있을 것이다.

서울도 이러한 곳이 있기는 하다. 바로 한강 고수부지이다. 서울 서쪽에서부터 동쪽으로 이어지는 난지 한강 공원, 망원 한강 공원, 양화 한강 공원의 선유도, 여의도 한강 공원과 생태 공원, 이촌 한강 공원, 반포 한강 공원, 뚝섬 한강 공원, 잠실 한강 공원, 광나루 한강 공원이 있다. 그러나 이 고수부지들은 접근하기가 어려워 차를 타고 가야 한다. 걸어가려면 소위 토끼 굴을 거쳐야 한다. 지금은 아주 산뜻하게 단장되었지만, 아직도 음습한 지하 공간을 지나쳐야 한다. 인적이 드물 때에는 부녀자들이 지나가기에 왠지 꺼려지는 접근로이다. 이는 태생적인 한계 때문에 그렇다. 한강 양쪽으로는 왕복 10차로 이상의 올림픽대로와 강변북로가 있다.

도로에 의해 단절된 한강 모습

그렇기 때문에 양쪽 도로의 지하 공간으로 접근할 수밖에 없는 것이다. 이러한 접근성만 획기적으로 해결할 수 있다면 서울 시민이 가장 접근하기 쉬운 도심 속의 휴식 공간이 될 수 있을 것이다.

사실상 휴식 공간의 제공은 지극히 부차적인 효과에 불과하다.

통상 서울의 한강이 안고 있는 문제를 이야기하는 사람들은 대부분 '한강변이 아파트 숲으로 둘러싸여 있는 것', 즉 '한강변이 공공성이 낮고, 주거 위주의 획일적 토지 이용'이라고 할 것이다. 그 말에는 한강변의 아파트 단지들을 다른 것으로 변모시키는 것이 한강이 안고 있는 문제를 해결하는 해법이라는 뜻이기도 하다. 과연 그런가?

아니다. 사실상 한강변은 공공성 있는 토지로 활용 중이다. 즉, 도로라는 공공성 있는 용도로 활용되고 있는 것이 문제인 것이다. 따라서 접근성을 해결한다는 의미를 기존의 한강 고수부지 접근성이라는 뜻으로 이해해서는 안된다. 고수부지의 접근은 차량을 이용하든 토끼 굴을 지나서 가든 접근 자체가 불가능한 것은 아니기 때문이다. 그저 불편하거나 더 편리할 뿐이다. 접근성의 개념은 토지의 가치를 상승시키는, 더 유용한 토지로의 활용이라는 의미에서 이해되어야만 올바른 해법이 나오는 것이다.

앞의 한강변 두 개의 사진에서 보듯이 아파트 지역의 공공성을 강화하는 방법은 그다지 효용성이 없다. 아파트 지역을 뒤로 이동시켜서 그 공간에 녹지를 조성하는 등의 공공성 있는 공간으로 변모시킨다 한들, 그것이 한강 수변과 무슨 연관성 있으며, 어떤 시너지가 생길까 하는 의문이 제기될 수 있다. 할 수만 있다면 도로 자체의 공간을 더 가치 있는 공간으로 변화시키는 것이 더욱 의미 있는 일일 것이다. 수변과 직접 연결되는 공간이어야만 활력 있고 가치 있는 공간이 될 것이기 때문이다.

더 큰 효과는 바로 서울에서 가장 가치 있는 새로운 공간이 창조된다는 데에 있다. 새로운 창조 공간은 그곳을 어떤 곳으로 만드느냐에 따라 그 가치가 달라진다. 우선 그 공간의 가치에 대해 분석해보자.

첫째, 지리적 가치다. 한강변 양측 도로로 쓰이는 공간은 서울의 강남과 강북의 경제가 만나는 중심지다. 그 공간은 강남·북을 연결하는 경제 생태계의 고리로서의 활용 가치가 무궁무진한 땅인 것이다.

둘째, 강변의 도로로 쓰이고 있는 공간은 도로로만 사용하기에는 너무나 아까운 공간이다. 도로가 도시 생활의 가장 필수적인 시설임은 부인할 수 없지만, 도로가 꼭 도로로만 사용되어야 하는지는 의문이다. 도로보다 더 가치 있는 공간으로 변화시킬 수 있다면, 현 도로를 대체하는 다른 도로를 만들어 주고 현 도로는 더 가치 있는 공간으로 사용하는 것이 마땅한 것이다.

셋째, 도로를 다른 공간으로 재창조하는 데 드는 비용이 다른 공간을 사용하는 것보다 훨씬 적게 든다. 한강르네상스계획에서 살펴보았듯이 기존의 사적 공간을 공적 공간으로 활용하기 위해서는 엄청난 비용과 시간이 든다. 한강변 아파트의 재개발이 언제 진행될지 예측하기 어려울 뿐 아니라 개발 진행의 시작도 민간의 선택에 의해 좌우되는 것이기 때문이다. 뿐만 아니라 공간을 확보한다고 하더라도 간헐적이고 격리된 공간의 확보일 수밖에 없어 전체적인 계획 하에 효율적인 공간 계획을 세울 수도 없다.

넷째, 새로운 사용 가능한 땅을 만드는 데 시민의 부담이 거의 들지 않는다. 도로가 점하고 있는 한강변의 공간은 이를 리모델링하거나 공사를 하는 데에 보상비가 전혀 들지 않는다. 필요한 것은 단지 공사비와 공사 기간 동안 있을 수 있는 사회적 비용뿐이다. 서울처럼 밀집한 도시에서 수백만 평의 가치 있는 땅을 만드는 데 한 푼의 보상비가 들지 않는 곳이 어디 있는가? 공사비만 들이고 무궁무진한 활용 가치가 있는 공간을 확보하지 않는 것이 오히려 비합리적인 일이다.

그러면 구체적인 실행 방법을 말하기 전에 공간의 가치를 업그레이드한 국내외의 사례를 살펴보자.

라. 새로운 공간 창조의 국내외 사례

1) 보스턴 중심부의 도로 지하화 사업

보스턴 시내 중심가를 가로지르는 왕복 8차선의 넓은 도로가 있다.

보스턴 중심가를 관통하는 도로

　1990년 보스턴 시장은 연두 교서에서 획기적인 사업 계획을 발표하였다. 도심 중앙을 가로지르는 중앙 도로와 고가차도를 걷어내고, 지하를 깊게 파서 8~10차로의 지하 도로를 만들고, 기존의 지상 공간은 시민을 위한 공원으로 만드는 계획인 빅딕 프로젝트(Boston Big Dig Project)였다. 지하를 깊게 파서 지하 도로를 만든다는 의미에서 빅딕이다. 1991년부터 시작된 사업은 2007년에야 종결되었다. 당연히 보상비는 들지 않았고, 공사비로만 총 147억 불(약 17조 원)이 소요되었다. 연방 정부에서 48%를 지원하였고 주 정부에서는 나머지 52%를 부담하였다. 공사비는 채권 발행과 통행세 등의 목적세를 통해 충당하였다.

공사 중인 보스턴 빅딕 현장

또 하나 특이할 만한 사실은 이 사업의 추진 절차다. 처음부터 연방 정부와 협의하여 연방 정부의 예산과 입법 지원을 얻어내었고, 행정적 지원을 받았다는 사실이다. 물론 사전에 시민들의 소통에도 철저를 기하여, 시민들이 공사 기간 중에 겪게 되는 고통을 감내하고 적극 협조하는 지지를 이끌어 낸 것은 우리가 귀감으로 삼아야 할 빼놓을 수 없는 또 하나의 중요한 부분이다. 그렇게 12.8km에 달하는 평균 폭 50m의 도심 녹지 공원이 탄생한 것이다.

많은 자동차 통행으로 인해 소음과 공해에 시달렸던 공간이 이제는 푸른 숲이 우거진 녹지 공간으로 바뀐 것이다. 당연히 주변 건물의 효용성도 높아졌다.

지상 공간은 '케네디 그린웨이(Kennedy Greenway)'라 불리는 보스턴 도심의 녹색 공간으로 탈바꿈하였다. 차를 타고 지나치는 공간은 지하로, 사람의 공간은 지상의 평면으로 되돌린 것이다. 도로 기능과 녹지 기능이 한 장소에서 공존하고 있는 것이다.

완성된 보스턴 빅딕(케네디 그린웨이)

2) 슈투트가르트 철도 지하화 사업

이와 유사한 프로젝트는 유럽의 여러 도시에서도 진행되고 있다. 독일의 전형적인 공업도시였던 슈투트가르트도 예외는 아니다. 2020년 슈투트가르트는 외곽에서 도심의 중앙으로 들어오는 60km의 철도 구간과 중앙역을 지하화하고 일대의 철도 유휴 부지를 재개발하는 대규모 프로젝트(Stuttgart21 Project)를 추진하였다. 도심 구간의 철도는 지하화하고, 그 지상 공간에는 공원과 숲을 조성하여 도심의 녹색 공간을 확충하고, 도심의 부족한 경제 활동 공간을 확보하는 사업이다. 도심 공간의 토지 효용 가치를 증가시키는 프로젝트인 것이다.

프로젝트 추진 동기

이 프로젝트는 1994년에 시작되었다. 슈투트가르트는 독일에서 6번째로 큰 규모의 도시다. 시 권역 전체 인구가 270만 명에 달해 도심의 경우 유휴 공간이 부족한 상황이었다. 더군다나 시의 중심부에 위치한 슈투트가르트 중앙역은 철도가 역으로 지나가는 구조가 아닌, 외곽의 철도가 중앙역으로 들어왔다가 온 방향 그대로 되돌아나가는 구조로 되어 있어 중앙역 일대의 철도와 그 관련 부지가 도심의 상당 부분을 차지하고 있었다. 이런 문제점을 극복하기 위해 시 정부는 1995년 11월에 독일 철도 사와 기본 계약을 체결함으로써 사업을 시작하였다. 주 내용은 철도 지하화와 중앙역 지하화, 그리고 주변부 신시가지 개발이었고, 연방 정부, 주 정부, 시 정부, 철도사가 비용을 공동 부담하는 것이었다. 1997년에 건축 현상 공모를 거쳐 지하 중앙역을 설치하는 계획에 대한 실시 설계가 이루어졌고, 2009년에 시와 연방 정부, 철도 사간 재정 협약을 마친 후 2010년 2월에 공사가 착공되었다.

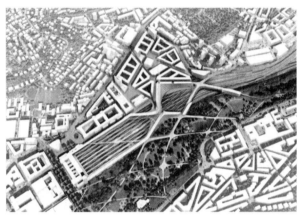

슈투트가르트21 조감도

환경 단체의 반대

그러나 이 사업은 1996년부터 환경 연합과 환경 단체들의 격렬한 반대에 부딪히게 되었다. 또 오래된 중앙 역사를 보존해야 한다는 여론과 공사 중, 오래된 고목을 베어 버린 사건을 계기로 반대 시위는 더욱 더 격렬하게 전개되었다. 반대 운동의 결과는 많은 시민의 호응을 얻어 결국 2009년 지방의회선거에서 사업을 반대하는 녹색당이 승리하는 결과를 초래하였다. 물론 이 사업의 반대 운동에는 원전 반대 운동과 맥락을 같이 하는 당시 독일 사회를 휩쓸던 SOC건설 반대 운동과도 밀접하게 연관이 되어 있었다. 결국 집권한 녹색당은 중재 기간 동안 공사 중지를 요청하였고, 사업의 공사는 일시 중단되었다. 공사 재개와 공사 중지를 반복하는 과정을 거치면서 지속된 반대 시위에 결국 집권당인 녹색당은 사업 추진 여부를 국민 투표에 회부하여 결정하도록 만들었다.

주민 투표 결과, 공사 찬성 58.8%

2011년 11월 27일 치러진 '공사 중지 찬반 주민 투표' 결과로 공사를 바라는 주민이 다수임을 확인하였다. 주민의 58.5%라는 압도적인 공사 찬성 결과가 나온 것이다. 주민들의 다수가 효용 가치가 떨어지는 도시의 공간을 보다 가치 있는 공간으로 변화시키는 데 동의한 것이다. 반대한 사람은 투표자의 42.8%로 주민 전체의 20% 정도가 공사 중지에 찬성한 결과로 나타났다. 또 반대한 사람 중, 많은 사람은 사업 취지 자체에 반대한 것이라기보다는 사업 추진 과정의 절차적 비민주성과 역사적 가치가 있다고 여기는 사람들의 중앙 역사 훼손에 대한 반감, 그리고 오래된 고목의 훼손으로 인한 감정적 상실감 등이 작용한 것으로 분석하는 사람도 있다. 소통 부족이 문제였다.

프로젝트의 의의

환경 단체의 지속적인 반발 속에 진행되고 있는 슈투트가르트 철도 지하화 사업은 슈투트가르트가 가지고 있는 구조적이고 지형적인 단점을 극복하기 위한 숙원 사업이라고도 할 수 있다. 분지형의 슈투트가르트 권역은 270만 명이 살아가기에는 도심 구간, 특히 가용 토지가 부족한 상황이었다. 평면적인 도시 확장이 구조적으로 어려운 시 지역의 지역적 한계를 도심 한가운데 자리하고 있는, 효용 가치가 떨어진 철도와 철도 관련 부지를 더 가치 있게 만드는 프로젝트를 계획하고 추진하고 있는 것은 어찌 보면 자연스러운 시대적 요구일 수도 있다. 다만 추진 과정에서 보스턴의 빅딕 프로젝트처럼 치밀하고 정교한 시민 소통의 과정을 소홀히 한 점은 우리에게도 큰 귀감이 될 것이다. 이 사업은 당초 2018년에 완공을 목표로 추진되었으나, 공사 중지 등의 과정을 거치면서 2021년으로 완공 시점이 늦춰졌다가 2024년으로 다시 조정되었다. 공사 기간 연장으로 당연히 공사비도 당초 45억 유로(6조 3천 억) 수준에서 76억 유로(10조 6천 억) 수준으로 증가되었다. 여러 과정을 거친 슈루트가르트 철도 지하화 사업은 현재 활발하게 공사가 진행 중이다.

공사 중인 슈투트가르트 중앙역

외국의 사례에서도 알 수 있듯이 도심 구간의 제반 토지 관련 사업들은 그 사업 형태의 여하를 불문하고 토지의 효용도와 가치를 상승시키고자 하는 동기가 기본적으로 자리 잡고 있다. 부족한 가용 토지를 더욱 넓게 사용하는 가장 확실한 방법이기 때문이다. 그런 대표적인 사례가 국내에서는 청계천 복원 사업이다.

3) 청계천 복원 사업

2002년 6월 서울시장으로 취임한 이명박 시장은 1970년대에 복개되어, 그 위로 고가차도가 지나가던 청계천을 복원하기로 발표하였다. 갇혀있던 개천의 공간을 열어서 시민들이 접근할 수 있는 공간으로 만든 것이다. 숨겨져 있어서 접근이 어려웠던 공간을 누구나 쉽게 다가설 수 있는 공간으로 만든, 청계천 복원 사업(The Open)은 새로운 도심 공간의 창조인 셈이다. 개방은 다가섬을 의미한다. 열려있어야 다가설 수 있다. 그런 접근 공간으로의 창출이 시민들의 마음에 크게 다가오는 것이다. 환경적인 논란은 그리 중요하지 않다. 접근 가능한 공간을 만들어냈다는 것만으로도 충분히 가치가 넘치는 일이기 때문이다. 더군다나 평면 공간의 확대라는 의미에서 도시 공간 관리의 미래 지향적 방향성을 제시하는 역사적 사건으로 자리매김하기에 충분하다.

4) 그간의 지하화 시도

나는 2006년 초에 서울시 환경국장으로 재직하고 있었다. 당시 시장은 이명박 전 대통령이었다. 그때 나는 시장에게 서울 한강변에 가치 있는 새로운 땅을 만드는 것이 곧 서울의 활력을 살리는 핵심임을 보고하였다. 그는 미래에 대해 대단한 영감을 갖고 있는 사람이었다. 미래의 서울, 대한민국을 위해 무엇을 해야 하는지를 정확히 꿰뚫고 있었다. 당시 내가 보고한 계획은 A4 용지 두 장에 불과하였지만, 그 속에는 기본적인 플랜이 다 담겨 있었다. 그 보고를 들은 시장은 본인의 임기가 6개월도 채 남지 않았음을 아쉬워하였다.

당시 내가 보고한 내용은 강변북로와 올림픽대로 전 구간을 대심도로, 지금 도로 용량의 2배로 키워 서울을 동서로 잇는 국가 대동맥을 건설하고, 지상 구간은 녹지와 문화, 관광, 첨단 산업 용지로 활용하자는 계획이었다. 또 지하 1층 도로는 기존 남북 도로와 연결하고, 지하 2층 도로는 강동에서 마포, 강서 구간까지 직통으로 건설하여 그 구간을 유료화하는 방안이었다. 교통 처리보다 더 중요한 것은 현재 도로로 사용되는 수변 공간을 활용하는 것으로 단순한 녹지가 아닌 녹지가 있는 경제 활동, 문화 · 관광 활동의 공간으로 일대를 변혁시키는 것이었다. 사용 가치가 도로로 한정된 공간을 더 가치 있는 창조 공간으로 만드는 계획은 단순한 교통 구조 개선이 아닌 종합적인 공간을 새롭게 창출해내는 계획이었다.

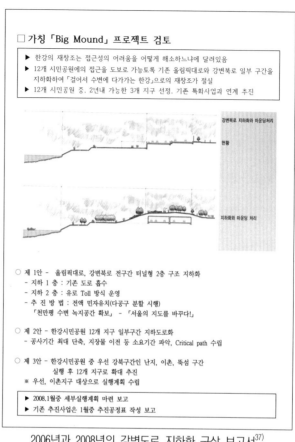

□ 가칭「Big Mound」프로젝트 검토

▶ 한강의 재창조는 접근성의 어려움을 어떻게 해소하느냐에 달려있음
▶ 12개 시민공원에의 접근을 도보로 가능토록 기존 올림픽대로와 강변북로 일부 구간을
  지하화하여「걸어서 수변에 다가가는 한강」으로의 재창조가 절실
▶ 12개 시민공원 중. 2년내 가능한 3개 지구 선정. 기존 특화사업과 연계 추진

강변북로 지하화와 마운딩처리

현황

지하화와 마운딩 처리

○ 제 1안 - 올림픽대로, 강변북로 전구간 터널형 2층 구조 지하화
  - 지하 1 층 : 기존 도로 흡수
  - 지하 2 층 : 유료 Toll 방식 운영
  - 추 진 방 법 : 전액 민자유치(다공구 분할 시행)
    「천만평 수변 녹지공간 확보」 - 「서울의 지도를 바꾸다!」

○ 제 2안 - 한강시민공원 12개 지구 일부구간 지하도로화
  - 공사기간 최대 단축, 지장물 이전 등 소요기간 파악, Critical path 수립

○ 제 3안 - 한강시민공원 중 우선 강북구간인 난지, 이촌, 뚝섬 구간
    실행 후 12개 지구로 확대 추진
  ※ 우선, 이촌지구 대상으로 실행계획 수립

▶ 2008.1월중 세부실행계획 마련 보고
▶ 기존 추진사업은 1월중 추진공정표 작성 보고

2006년과 2008년의 강변도로 지하화 구상 보고서[37]

2006년 6월 이명박 시장을 뒤이어 오세훈 시장이 취임하였다. 그의 가장 큰 장점은 다른 사람의 의견에 귀를 기울일 줄 아는 사람이라는 데 있었다. 그 당시 나는 그의 역점 사업 중 하나인 서울의 대기질 개선을 위해 만들어진 '맑은서울추진본부'를 맡고 있었다. 2007년 어느 날 시장과의 간담회 자리에서 나는 다시 그 계획을 보고하였다. 그는 경청하였고, 추진할 의사가 있었다고 나는 판단하였다. 그 다음 주에 시장과 나는 지금의 망원동 강변북로 지역에서 현장을 둘러보았다. 강변북로 전체를 지하화하면 그 일대가 어떻게 바뀔지에 대한 미래의 그림을 확인하는 자리였다.

37) 당시 본 구상은 2006년 이명박 시장과 2007년 오세훈 시장에게 보고되었다.

당인리 일대 수변 문화 콤플렉스

그 다음 해, 새해 첫날 나는 한강르네상스를 총괄하는 자리인 한강 사업 본부장을 맡게 되었다. 한강변 도로를 지하화하는 사업을 구상하고 구체화하는 일에 박차를 가하며, 그 사업의 가시적 효과를 입증할 선도 사업을 준비하기로 하였다. 한강변에서 비교적 낙후된 지역인 합정동 당인리 발전소 일대를 중심으로 그 지역의 문화, 관광, 공연 등의 시설이 한강변으로 연결되는 공간을 만드는 것이었다. 마침 당인리 발전소 이전 움직임이 있었고, 그 지역은 신촌과 홍대의 문화 흐름이 강변으로까지 이어지는 요충지였다. 독일의 통일 후, 베를린 장벽이 무너진 상징적 지역 일대에 만들어진 문화, 관광, 영화 콤플렉스 단지로 탈바꿈한 포츠다머 플라츠(Potsdamer Platz)를 모델로 한 계획이었다.

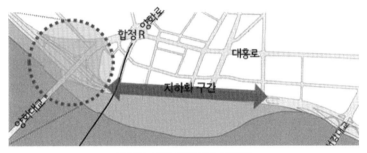

당인리 일대 강변북로 지하화

도로를 지하화하면 자연스럽게 기존 도시가 강변으로 열리게 된다. 그 열린 공간은 문화, 공연, 전시 등의 종합 문화 콤플렉스로 조성하는 것이다. 이 계획은 전체 구간을 대심도 터널식 도로로 만들어 기존 도로를 대체하고, 도로로 사용되던 공간에 지역 특성에 맞는 계획을 세워서 새로운 공간으로 만드는 사업을 선도하는 것으로, 구체적인 비전을 제시하는 것이 목표였다. 구간별로 국지적인 지하화 사업을 추진하면 오히려 기존 도로와의 연결에 더 큰 문제를 야기할 수 있기 때문에 비효율적일 뿐만 아니라 더 큰 비용이 수반될 수도 있다. 따라서 전체의 그랜드 계획을 전제하지 않으면 안 될 일이었다.

당시의 계획은 전체 도로를 지하화는 것을 전제로, 당인리 지역을 어떻게 개발하여야 하는지에 대한 비전을 제시하는 것이었다.

당인리 일대 문화 콤플렉스 주·야간 투시도

한강변으로 열린 공간을 문화 시설, 공연 시설, 디자인 관련 연구 시설, 영화관, 쇼핑센터, 각종 전시 공간 등의 문화 복합 시설로 계획하였다.

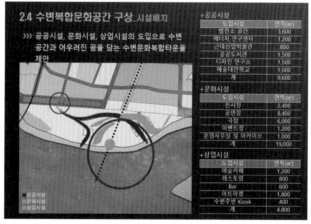

당인리 일대 수변 문화 콤플렉스 시설 배치도

용산 구간 지하화 계획

한강변 중에서 가장 큰 가용 공간을 가지고 있는 곳이 용산 철도 차량 기지이다. 한강 철교를 건너자마자 강북 강변로에 접한 17만 평의 공간이 있다. 경부선 철도의 지하화를 계획하고, 강변북로를 지하화하면 한강변으로 열린 무한한 공간이 새로 탄생하는 것이다. 2007년에 수립된 이 계획은 한강르네상스계획의 일환으로 한강변에 총 8개의 수변 워터프론트 타운을 만드는 계획 중의 하나였다.

용산 수변도시 조감도

이 계획은 용산 국제도시 앞을 지나는 강변북로를 도심 내로 지하화하여 도시를 한강으로 열리도록 한 것이었다. 이에 따라 강변북로(한강대교~원효대교)구간 2.1km를 지하화하는 기본 계획을 2012년에 수립하였다. 강변도로 전 구간 지하화를 전제로 하여 계획하지 못한 아쉬움은 있지만, 강변도로를 지하화하는 지금까지의 계획 중 가장 구체적인 단계까지 접근했었다는 의미가 있다.

한강대교~원효대교 구간 지하화 기본 계획

그러나 이 계획은 2010년 초까지 이어진 부동산 침체 현상으로 실행되지 못하다가 2011년 오세훈 시장의 퇴임으로 한동안 수면 아래에 잠겨 있었다. 그러다가 2016년 박원순 시장이 수면 아래에 잠겨 있던 이 계획을 다시 꺼내 추진한다고 발표하였다. 새로운 공간이 절대적으로 필요하다는 시급성을 알아차린 것인지는 모르지만, 2017년 대통령 선거를 앞둔 시점에서 정치적인 결정은 아니었는지 의심이 된다. 그러나 결국 이 계획은 부동산 가격 폭등을 야기한다는 비판에 직면하여 보류되었다. 문재인 정부는 2020년 초, 부동산 가격 안정화 대책의 하나로 주택 공급 대책을 발표하면서, 이곳 용산 차량 기지 일대에 공공 아파트를 건설하겠다고 하였다. 용산의 운명은 정치에 휘둘리는 대표적인 공간이 되었다.

강변북로 지하화와 관련해서는 일부 구간에 대해 상당히 구체적인 단계까지 이르렀으나, 올림픽대로 구간은 마곡 지구와 잠실 구간을 제외하고는 논의 자체도 이루어지지 못하였다. 아마도 부가 집중된 지역인 강남 구간을 지하화하는 것은 정치적으로 부담 가는 일이기도 하다는 점을 의식한 것이다. 다만, 올림픽대로 구간은 동서 외곽 지점인 마곡과 강동 지구 등에 도로를 복개하거나 다리를 상향시켜 수변 연결성을 확보하는 수준으로 검토되었다. 그중 특이한 것은 잠실종합운동장 주변 종합개발 계획에 따른 일부 구간 지하화 계획이다.

잠실종합운동장 구간 지하화 계획

잠실 주경기장이 노후되어 현대화해야 한다는 요구에 발 맞춰 그 주변 일대를 복합적으로 개발하기 위한 '잠실종합운동장 주변 종합개발계획'이 2016년부터 시작되었다. 한강과 탄천에 접한 지역적 특성을 고려하여 기본 구상에 올림픽대로 일부 구간 지하화가 포함되어 검토되었다. 2017년에 한국개발연구원(KDI) 공공투자 관리센터에 의뢰한 '잠실 스포츠 · MICE 민간 투자 사업'에 대한 적격성 조사가 완료되어 민간 투자 사업으로 진행될 예정이다.

잠실종합운동장 주변 개발 조감도

2025년 목표로 추진되고 있는 이 사업은 잠실운동장의 주경기장을 제외한 부지에 전시·컨벤션 시설(전용 12만㎡), 스포츠 복합 시설(1만1000석 내외), 수영장(공인 2급 규모, 5000석), 수변 레저 시설, 호텔(900실), 문화·상업·업무 시설 등이 조성되는 프로젝트다. 수변 레저 시설로 이어지는 구간에만 올림픽대로 구간을 지하차도로 처리하는 계획이다.

5) 그간의 지하화 계획의 문제점

지금까지 살펴본 계획들 중 구체적으로 시행된 것은 아직 없다. 또 이 계획들은 치명적인 단점을 가지고 있다. 지역적 개발 계획에 부수된 강변도로 지하화 계획이기 때문이다. 각자의 계획에 따라 진행되고 나면 한강변 전체 토지 이용 효과를 기대할 수 없다.

각자의 구간별 계획들이 본격 추진되기 전에 강변북로와 올림픽대로 전 구간을 아우르는 종합 지하화 계획이 수립되고 추진되어야 한다. 수도권 전체의 관점에서 강변도로 처리 문제를 들여다보아야 하기 때문에 한강 전체를 조망하면서 계획하는 종합 지하화가 시급한 것이다. 그래야 도로로만 사용되던 공간이 더 가치 있는 수변 공간으로 활용될 수 있다.

강변북로와 올림픽대로 전체를 지하화 하는 종합기본계획에 따라 새로 마련된 공간과 그 주변 공간을 네트워크화하여 개발 계획을 세워야 할 당위성이 여기에 있다. 새로운 땅을 창조한다는 개념이 그래서 중요한 것이다. 다음 절에서 새로운 땅 360만 평을 창조하는 기본 개념과 구상에 대해 살펴보자.

4. 새로운 땅, 360만 평 창조 프로젝트(Seoul New Frontier Project)

한강변의 평지 공간은 원래부터 있었던 것이 아니다. 정확히 표현하면 1986년에 만들어진 공간이다. 지금으로부터 36년 전이다. 우리는 36년 동안 그 공간을 자동차가 지나가는 용도로만 사용한 것이다. 물론 이점이 전혀 없는 것은 아니었다. 차를 몰고 강변북로나 올림픽대로를 주행하면서 창문으로 보이는 한강의 풍광을 감상하는 효용은 있었다. 그러나 한강과 접한 무한한 발전 가치가 있는 360만 평의 공간을 단순 도로 용도에만 사용하는 일이 당연한 일인가?하는 의문을 제기한다. 의문을 제기하는 것에서부터 창조의 틈이 발생한다. 도로가 아닌 더 가치 있는 공간으로 사용할 수는 없는가?

인간은 관성에 익숙해지는 치명적인 단점을 지닌 존재다. 36년간 도로로 사용하였으니, 그 공간은 도로로 사용되는 게 당연한 것이라고 여긴다. 익숙해져버린 용도의 변화가 부담스러운 것이다. 그래서 변화를 거부하거나 변화에 소극적이다.

도시 공간의 평면적 확대라는 차원에서 한강이 가지고 있는 잠재력은 무한하다. 서울의 동서를 가로지르는 한강은 수변 면적만 1,000만m^2(300만 평)이 넘는다. 여의도 면적의 6배에 달한다. 또 올림픽대로와 강변북로의 도로 면적만 960,000m^2(30만 평)이 넘는다. 고수부지와 인근 시설 녹지 공간까지 합치면 360만 평이 넘는 것이다. 그렇기 때문에 이 광대한 도시의 공간을 접근 가능한 생활 공간으로 바꾸는 것이 필요하다. 누구나 걸어서 도달할 수 있고, 서울의 한강 북쪽에서 한강 남쪽까지 걸어서 지하 공간을 통과하지 않아도 접근할 수 있는 공간으로 만들어야 한다. 아니 만들 수 있다.

그 방법은 양쪽 도로를 깊은 심도의 지하도로로 만드는 것이다. 서울 남북 간의 도로는 한강 다리 수만큼 잘 발달되어 있지만, 서울 동서 간을 직선으로 잇는 도로는 올림픽대로와 강변북로 이외에는 찾기 힘들다. 그래서 항상 정체 현상을 보인다. 출퇴근 시간대는 물론이고 평상시에도 혼잡하다. 한강을 모조리 덮어서 도로로 만드는 것이 필요하다는 우스갯소리도 나온다. 이를 해결하기 위해서는 서울의 동서를 연결하는 올림픽대로와 강변북로를 복층 구조로 지하화해야 한다. 도로의 용량을 줄이는 것이 아니라 두 배로 확대하는 것이다. 상층부는 기존처럼 무료로 통행하여 서울의 강남·북 도로와 연결시키고, 하층부는 유료화하여 서울 동서를 빠르게 이동할 수 있도록 해야 한다. 양 도로를 지하화하는 비용은 그리 큰 문제는 아니다. 민자를 유치하면 된다. 다른 도로 건설과 달리 도로 건설에서 90% 이상을 차지하는 보상비가 한 푼도 들지 않기 때문이다. 복층화하는 하부 공간은 유료 도로로 할 수 있고, 기존 도로 공간의 일부를 개발할 수 있도록 개발 권한을 부여하면 된다. 물론 공간 전부의 개발권을 주는 것이 아니고 일부만을, 그것도 공공성이 훼손되지 않는 범위 내에서 부여하면 된다. 한강의 장소적 가치를 더 높일 수 있도록 용도를 특정화하거나 2, 3층 내지의 높이로 제한하는 방식을 생각할 수 있다. 구체적인 기존 도로 공간의 활용 방안은 또 하나의 서울 시민이 누릴 수 있는 공적 토론의 장이 될 수 있을 것이다. 건전한 공론장을 거쳐 활용 방안이 확정된다면, 그 또한 도시민들이 누릴 수 있는 공공 참여의 영역이 될 수 있을 것이기 때문이다. 도로 지하화로 인해 평면화된 기존의 도로 공간을 다양한 용도로 사용할 수 있다. 360만 평에 이르는 공간은 예를 들면 공연장, 음악당과 같은 공연, 문화 시설이나 대규모 녹지 공원, 그리고 우리 전통 음식이나 풍류를 체험하며 관광객을 끌어들일 수 있는 대규모 한옥관광체험마을 등을 조성할 수도 있다. 또한 최첨단 지식 기반 사무 공간도 생각할 수 있고, 실리콘 밸리 같은 비즈니스 공간으로도 활용될 수 있다. 지상 공간은 도심과 강에 사람들이 쉽게 접근할 수 있는 천혜의 지리적 여건을 가지고 있기 때문에 그 활용 가능성은 실로 무한하다. 어떻게 디자인하는가는 시민들의 여론 수렴과 전문가들이 함께 머리를 맞대고 논의하면 될 일이다. 다양한 의견들을 종합하여 360만 평에 달하는 서울의 새로운 가치를 창조하는 것이다.

창조는 기존 사고로부터의 탈출에서 시작된다. 기존 사고에 머물러 있거나 이에 집착하면 더 이상의 발전은 없다. 앞으로 나아간다는 것은 과거와의 이별이 있기에 가능하다. 도시 관리 또한 마찬가지의 법칙이 적용된다. 기존의 관리 방식은 새로운 가치 창조를 담보할 수 없다. 도시 공간을 입체적으로 본다면 지하나 지상 공간은 사람과 밀접하지 않아도 되는 공간으로 활용하고, 사람이 발을 딛고 이동 가능한 평면 공간은 사람들의 일상과 그로부터 행복을 맛볼 수 있는 공간에 설계해야 한다. 디자인은 사람을 먼저 생각해 설계한다면 나머지는 기술적인 부분이 해결해 줄 것이다. 사람을 먼저 생각하는 도시는 행복을 창조한다.

유유히 흐르는 한강과 한강이 내려다보이는 양쪽 언덕으로 녹음이 우거진 강변의 숲과 그 사이 사이로 이어지는 문화와 휴식, 전통, 그리고 창조의 힘이 살아 숨 쉬는 공간이 펼쳐져 있다고 상상해보라. 서울 시민들이 가벼운 옷차림으로 산책을 즐기고 젊은이들이 문화의 향수를 발산한다. 또 대한민국을 찾는 외국 관광객들이 한강을 따라 조성된 전통 한옥촌에서 가야금 소리를 감상하며 전통 음식을 체험하고, 일단의 관광객들은 국제 유람선을 타고 서해에서 한강으로 접근하여 곳곳에 운집해 있는 모습을 그려보라. 서울의 미래는 한강이 평면으로 열려있는 모습으로 인해 더 충만해지지 않겠는가.

이제 구글 지도에서 점점 드래그 아웃 해보자. 왼쪽으로 드래그 버튼을 돌리면 점점 서울 전체 윤곽이 나타나고 회색빛 콘크리트 숲에서 확연히 드러나 보이는 한강변 대규모 녹색 벨트가 서울의 새로운 이미지로 탄생할 것이다. 이미지의 새로운 창조를 뛰어넘어 새로운 서울의 먹거리를 제공하는 위대한 장소로 탈바꿈할 것이다. 그런 의미에서 한강과 고수부지, 그리고 현재 도로로 되어 있는 공간은 대한민국의 미래를 위한 위대한 장소, '더 그레이트 플레이스(The Great Place)'가 될 것이다.

- 프로젝트 이름은 '서울 뉴 프론티어 시티'

나는 이 프로젝트를 '서울 뉴 프론티어 시티'프로젝트라 명명하고자 한다. 부족한 서울의 공간을 확장하는 사업이기 때문이다. 과거 시대에는 평면으로의 확대나 고층으로의 확장이 대세였다면, 지금의 시대는 더 가치 있는 곳으로의 탈바꿈이 대세인 것이다. 정보화 시대, 융복합의 시대, 네트워크의 시대는 그 극점을 향해 치달아서 수명을 다해 가고 있다. 이제는 기본으로 돌아가는 시대여야 한다. 기계가 사람을 대신하는 것이 아니라 그 기계를 인간이 생각하고 창조하는 물리적 공간으로 확대해 나가는 것이 중요하다. 도심 공간에서 경제 활동과 지식 창조 활동을 함께 하며, 아울러 휴식을 통해 에너지를 재충전할 수 있는 평면적 공간을 확충하는 것이다.[38)]

다음 장에서는 360만 평 공간 창조의 구체적 실행 방안과 구상에 대해 살펴보고자 한다.

---

38) 제5장에서 출처를 표시하지 않은 사진 및 이미지는 서울시 자료에서 인용.

제5장

시행 구상 및 효과

— Seoul New Frontier —

한강은 서울의 성장과 변화에 따라 치수, 이수, 친수, 자연성 회복, 도시 공간 등으로 그 주변을 바라보는 시선이 변해왔다. 이 시선의 변화에 따라 정책 내용도 그 초점을 달리해 왔는데, 각각의 정책은 시대별 상황은 물론 당시 지도자의 이념에 부합하는 이슈들을 복합적으로 다루고 있다. 정책 패러다임의 변화라는 시각에서 들여다보면, 한강이 도시 하천으로 다루어지기 시작한 1960년대 초기에는 물난리를 극복하기 위한 치수와 한강변 개발에 치중하였고, 시간이 지남에 따라 하천 및 수변 공간을 이용하기 위한 이수와 친수로, 최근에는 자연 하천으로의 자연성 회복을 강조하고 있기도 하다.

특히, 2000년을 전후로 한강에 대한 정책은 한강을 도시 공간의 일부로 인식하면서 도시 공간을 새로 만들거나 이용 공간을 조성하는 방향으로 추진되었다. 그 두 가지 주안점은 자연성 회복과 새로운 공간의 창조였다. 그러나 자연성 회복은 도시 공간으로서의 기능을 하고 있는 한강이라는 본래의 한계에 부딪혔고, 도시 공간 창조는 교통 도로에 의한 단절이라는 한계에 막히게 되었다.

지금까지의 한강 관련 정책의 변화와 정책의 주안점을 표로 정리하면 다음과 같다.[39]

한강 관련 정책의 변화

한강 관련 정책	한강 개발 3개년 사업	한강 종합 개발 사업	새 서울, 우리 한강	한강 르네상스	2030 한강 자연성 회복 기본 계획	한강 협력 계획
추진 시기	1967~1970	1982~1986	1999~2000	2007~2011	2013	2015~2019
재임 시장	김현옥 (1966~1970)	염보현 (1983~1987)	고건 (1998~2002)	오세훈 (2006~2011)	박원순 (2011~2020)	박원순 (2011~2020)
치수	●	●	×	×	×	×
이수	×	●	×	●	×	×
친수	×	●	●	●	●	●
자연성 회복	×	×	●	●	●	●
도시 공간	●	×	●	●	×	●

39) 박현찬 · 이일, 『서울의 도시 공간 정책 50년 : 어제와 오늘』, 2020.

시대가 흐르면서 한강은 치수에서 이수로, 친수와 자연성 회복에서 도시 공간으로 주안점이 변하였다. 그러나 한강으로의 접근성과 생태성 회복의 최대 장애 요인으로 인공 제방과 그 위에 건설된 강변 고속화 도로가 떠올랐다. 강변도로는 수도권을 동서로 연결하면서 서울 도심을 잇는 주요 간선 도로로 광역 교통 체계의 근간이 되어 물류 유통 부문에서의 큰 역할을 수행하고 있다. 하지만 이는 반드시 극복해야 할 장애물이기도 하다. 지금까지는 이를 극복하기 위한 국지적인 노력만 있어 왔고, 이 공간의 기존 기능을 유지하면서 활용하려는 그랜드 디자인은 사실상 없었다.

강변도로가 갖고 있는 기능인 광역 간선을 대체하는 도로를 건설하면 될 일이었다. 전 구간을 대심도 터널로 양 구간을 뚫고, 지상 공간은 새로운 강변 연안 신도시로 만드는 계획이다.

1. 서울 뉴 프론티어 시행 구상

뉴 프론티어 시티(New Frontier City) 조감도

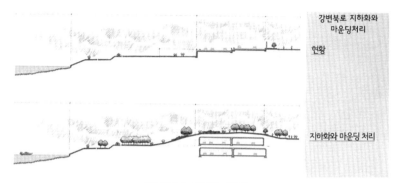

강변도로 지하화 개념도

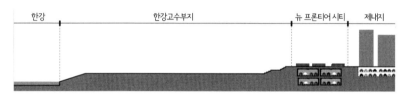

뉴 프론티어 시티 공간 개념도

가. 현황 및 여건 분석

1) 배경 및 목적

강변북로와 올림픽대로로 단절된 수변 공간을 더 이상 방치하고서는 서울의 발전 동력을 얻기 어려운 상황이다. 따라서 두 개의 강변도로를 대체하는 서울 중심부 동서 도로를 지하로 건설하여 지상 공간을 서울 및 대한민국의 재도약을 위한 동력으로 삼아야 할 시기에 도래하였다. 공간을 새로 창조하는 것이다.

2) 공간적 범위

공간적 범위는 강북 구간은 광진구의 구리 경계에서 마포구의 서부, 고양 경계까지, 강남 구간은 강동구의 중부고속도로에서 강서구의 김포 경계까지 총연장 48km의 강변도로와 한강변 일대 총 1,190만㎡(360만 평)이다. 활용 가능한 평면 도로 공간은 1,000만㎡(30만 평)이다.

3) 주요 현황

한강변 도로에 의해 한강변과 연접한 강남·북 지역 일대의 토지 이용 에너지 중, 수평적 남북 에너지가 단절되었다. 한강변 남북 일대의 주요 토지 이용 현황은 다음과 같다. 총 18개 지역으로 나누어 검토하였다.[40]

3-1) 난지 지역

이 지역은 월드컵 공원과 이전의 쓰레기 산이었던 공간을 공원화한 하늘 공원과 노을 공원 등 체육 및 친환경 공원을 배후지로 하고 있다. 한강 고수부지에는 체육 시설과 캠핑 시설 및 마리나 선착장이 있다. 2차 배후지에는 디지털 미디어 단지와 밀집 아파트 단지가 자리하고 있다.

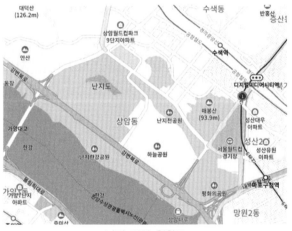

난지 지역 현황도

3-2) 망원 지역

망원 지역은 그 배후로 연립, 다세대 주택들이 주를 이루고 있으며, 일부 아파트 등이 혼재하고 있는 주거 중심 지역이다. 치수 시설이 완비되기 이전에는 홍수기에 빈번히 수해를 입은 경험이 있는 상대적 낙후 지역이기도 하다. 서울의 기반 시설 투자에 있어서 상대적으로 집중 투입이 어려워 특별한 계기가 없으면 발전될 가능성이 적은 지역이기도 하다.

---

40) 18개 지역 현황도는 네이버 지도에서 인용.

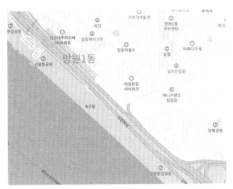

망원 지역 현황도

3-3) 당인리 지역

한강변 1차 배후 지역에는 1930년에 건설된 한국 최초의 석탄 화력 발전소인 당인리 화력 발전소가 있다. 1987년 액화천연가스(LNG)로 연료를 대체한 후, 최근까지 4, 5호기만 운영해 오다가 발전소 터빈을 지하화하는 작업을 2020년 초에 완료하고, 그 지상 공간을 공원으로 만드는 사업을 진행하고 있다. 2단계로는 기존 폐발전소 시설을 산업 유산 체험 공간과 500석 규모의 공연장, 전시장 등 문화 시설로 활용하는 사업이 예정되어 있다. 2020년 하반기 착공해 2022년 준공 예정이다.

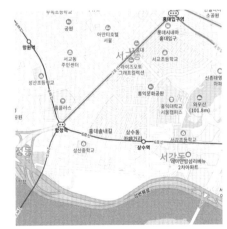

당인리 지역 현황도

2차 배후지에는 일부 단독, 다세대, 연립 형태의 주거 공간이 있으며, 가로(街路)를 따라 카페 등이 증가하고 있다. 북방으로는 홍대가 위치해 있어 극장, 카페, 바 등 다양한 시설들이 밀집해 젊은이들이 많이 찾는 공간이기도 하다.

3-4) 상수~마포~용산 지역

당인리가 있는 상수 지역에서 마포대교 북단을 거쳐 용산의 원효대교 북단에 이르는 이 지역의 구간은 고수부지가 거의 발달되지 않은 구간이다. 강변도로 상·하행 폭 약 30m 공간이 한강과 바로 접하고 있다. 이 지역의 1차 배후 공간은 고층 아파트 주거지이며. 마포대교 변에 사무 공간이 밀집되어 있다.

주거 밀집 공간이 강변북로에 의해 강변과 완전히 단절되어 있는 대표적인 구간이다.

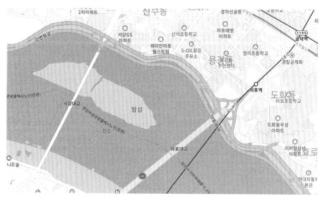

상수~마포~용산 지역 현황도

3-5) 용산 지역

용산 지역은 그 배후에 56만 6,000만m^2(17만 1,000평) 규모의 철도 정비창 부지와 용산역 철도 및 철도 부지가 있어 2000년 초 이후 이곳 일대에 용산국제업무지구 개발 계획이 추진되고 있다.

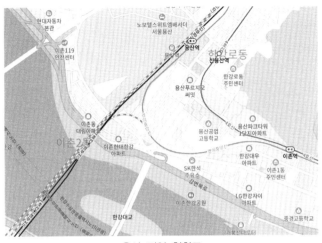

용산 지역 현황도

3-6) 이촌 지역

이 지역의 1차 배후 지역은 아파트, 학교, 병원 등이 자리하고 있는 혼합 지역이다. 2차 배후에는 국립중앙박물관이 위치하고 있다. 이 지역의 특징은 배후 지역과 강변도로 공간의 고저 차가 없어 평면으로 연결되어 있다는 데 있다.

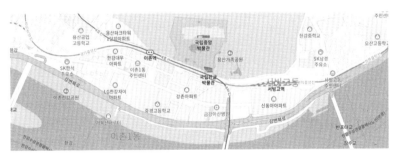

이촌 지역 현황도

3-7) 성수 지역

성수 지역은 1차 배후에 서울숲과 다세대 연립의 밀집 주거 지역이 있다. 주거 지역은 고층 아파트이며, 지속적으로 변화되고 있다.

성수 지역 현황도

3-8) 뚝섬 지역

뚝섬 지역의 1차 배후는 단독, 다세대 중심의 주거 지역이었으나, 최근 고층 아파트 재건축이 활발히 진행되고 있다.

뚝섬 지역 현황도

3-9) 자양~광장~천호 지역

자양~광장~천호 지역 배후는 단독, 다세대 아파트, 터미널 등 공공시설이 자리하고 있고, 광나루를 지나서는 한강 위에 교량 형태의 강변도로가 건설되어 있다.

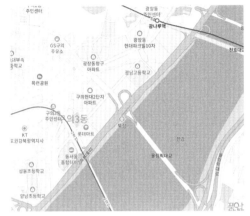

자양~광장~천호 지역 현황도

3-10) 고덕~암사 지역

1차 배후에 고덕산을 배경으로 고덕 수변 생태 공원이 있고, 암사동에 암사 생태 공원과 광나루 공원이 있으며 암사 역사 공원이 강변도로로 분리되어 있다. 광나루 지역 배후에는 아파트 지역이 자리하고 있다. 구리 암사대교와 천호대교 사이에는 간격이 길다.

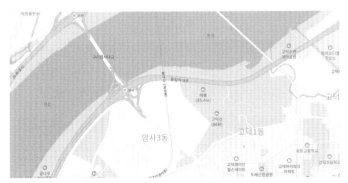

고덕~암사 지역 현황도

3-11) 암사~송파 지역

1차 배후에는 아파트 밀집 지역이 자리하고 성내천의 합류부에는 병원이 있다. 풍납동 일대는 아파트 지구와 함께 백제 문화 공원이 강변도로와 접하고 있다.

특히, 2차 배후지 중에는 성내천으로 연결된 올림픽 공원이 강변도로로 분리되어 있어 도심으로의 한강 연결성이 단절되어 있다.

암사~송파 지역 현황도

3-12) 잠실 지역

잠실 지역은 1차 배후지로 잠실종합운동장이 있다. 강변도로를 따라 동쪽으로는 초등학교와 고등학교, 그리고 잠실 주공 5단지가 위치하고 있으며, 서쪽으로는 초고층 아파트와 중학교, 초등학교가 연속해서 위치하고 있다. 청담 도로 공원이 강변도로 상·하행선 사이에 고립되어 있고, 동부 간선 도로로 연결되는 접속 지점으로 교통 분기점이기도 하다.

2차 배후에는 탄천을 중심으로 동서로 아파트 밀집 지역과 초고층 사무 공간과 백화점 등이 자리하고 있다.

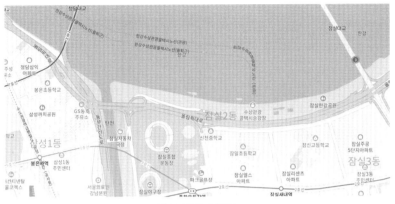
잠실 지역 현황도

기존의 잠실 지역 종합개발계획이 수립되어 있으나, 올림픽대로 일부 구간만 지하화하거나 데크(deck)로 한강변과 연결하는 소극적 계획이다.

3-13) 압구정 지역

압구정 지역의 1차 배후는 중층의 현대아파트 단지가 위치하고 있다. 재건축 시기가 다가오는 대규모 아파트 단지다. 2차 배후에는 넓은 상업 지역이 자리하고 있어 경제 활동의 중심지로서 기능을 하고 있다.

압구정 지역 현황도

3-14) 잠원 지역

잠원 지역의 1차 배후 또한 아파트 단지다. 최근 1차 배후 지역은 대부분 초고층 고급 아파트 단지로 재건축이 진행되었다. 2차 배후는 강남의 업무, 상업 중심 지구다. 이 지역은 대한민국 교통의 대동맥인 경부축의 서울 접점 지역으로 교통의 최대 결절점이기도 하다.

잠원 지역 현황도

3-15) 반포 지역

이 지역의 1차 배후 또한 대규모 아파트 단지다. 최근 고층 아파트 재건축이 진행되고 있다. 2차 배후에는 터미널과 상업 지역, 그리고 공공시설 등이 자리하고 있다.

2008년 올림픽대로 한강 연안은 한강르네상스계획의 일환으로 대규모 시설 향상과 세빛섬 등이 건축되어 한강 고수부지 중, 방문객이 가장 많은 지구 중 하나로 변모하였다.

반포 지역 현황도

3-16) 동작~여의도 지역

이 지역의 도로는 한강 위에 건설된 교량 구간이다. 1차 배후는 한강에 연접한 고저차가 심한 경사 지역으로, 대부분 공원으로 조성되어 있다. 일부 아파트 단지도 있으나 규모는 크지 않다. 2차 배후로는 동쪽에 국립현충원이 있고 서쪽 방면으로는 기존 시가지가 형성되어 있으나 한강과의 연접성은 거의 없는 편이다.

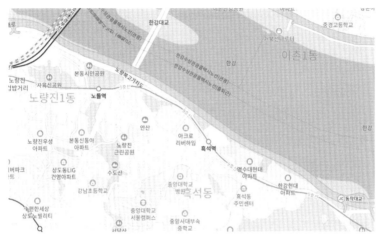

동작~여의도 구간 지역 현황도

3-17) 여의도 지역

여의도 지역의 1차 배후는 경제 금융 중심지인 여의도 그 자체의 공간이다. 그 지역이 한강으로 접하고 있고 지역 도로를 지난다. 올림픽대로 변에는 여의도 샛강과 그 주변의 수변 생태 공원이 있다. 2차 배후인 영등포 부도심이 있으나 올림픽대로와 샛강으로 단절되어 전혀 다른 생활권으로의 기능을 하고 있다. 특히, 당산 지역은 국회의사당으로 인해 한강으로의 진출이 막혀있다.

여의도 한강변과 샛강은 2008년 한강르네상스 사업의 중점 지구 중 하나로 추진되어 대대적으로 리모델링되었고, 이어진 2015년의 한강협력계획이 수립되어 있었다.

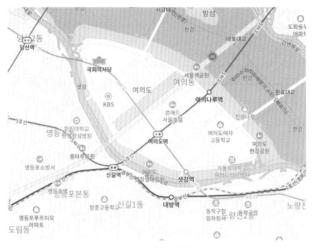

여의도 지역 현황도

3-18) 여의도~염창~가양 지역

1차 배후에는 염창에서 가양까지 아파트 단지로 연결되어 있고 중간에 작은 소공원들이 위치하고 있다. 안양천과 만나는 한강변은 동서 도로와 남북 도로의 연결 중심지로 교통 결절점 역할을 하고 있으며, 서쪽에는 대규모 하수 처리장이 위치하고 있다. 올림픽대로는 염창~가양~방화를 잇는 지역까지 주거지보다 높은 단차를 유지하며 이어지다가 방화대교 남단에서 김포 지역으로 계속 이어지고, 인천공항 고속도로와는 터널로 연결된다.

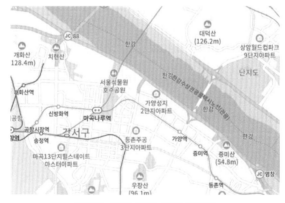

여의도~염창~가양 지역 현황도

이와 같이 한강변 양측 도로 지역을 18개 구역으로 나누어 1차 배후와 2차 배후 지역의 현황을 살펴보았다. 다음으로는 배후 지역의 특성과 도로 구성의 특성을 반영하여 18개 지구별로 어떻게 발전시키면 좋은지에 대한 구상을 살펴보기로 하자.

4) 관련 계획

새로운 계획은 기존 계획을 전면적으로 변화시키는 것이지만 기존 계획을 토대로 한다. 기존 계획에서 추구했지만, 물리적인 한계로 달성 불가능한 것을 가능케 하고 실현 가능한 계획은 적극적으로 반영하여 추진한다. 이와 관련한 계획으로는 2008년에 수립된 '한강르네상스계획'과 2015년에 수립된 '한강협력계획'이다. 두 가지 계획 중 실현 가능한 것들은 수용하여 적용하는 방안을 검토한다.

나. 기본 구상

1) 기본 방향

강변북로와 올림픽대로를 지하화하여 그 상부 공간을 서울 발전의 핵심 공간으로 조성한다.

'연결'과 '창조'를 핵심 방향으로 설정한다.

강변도로로 단절된 서울의 에너지를 한강으로 연결하고 그 에너지가 한강변에 새로 창조되는 공간에서 새롭게 분출되어 부가가치가 산출되는 새로운 경제, 문화, 환경, 생태, 여가 공간으로 탄생한다.

연결은 ① 기존 배후지의 기능을 재해석하여 연결하고, ② 한강과의 접촉면을 확대하여, ③ 단절에서 연결을 지향한다.

창조는 ① 도로로 사용되던 공간을 중심으로 소규모 타운을 조성하여, ② 기존 배후지의 기능에 새로운 에너지를 공급하는 공간으로 재창조하여, ③ 서울의 미래 발전 원동력을 제공하는 고부가가치 공간으로 재창조한다.

2) 토지 이용 구상

강변도로 지하화 후 탄생한 지상 공간은 18개 지역으로 나누어 제4)항에서 상세히 설명한다.

기본적인 토지 이용 방향은 지하 공간의 교통량 처리 확대와 지상 공간의 미래 동력을 위한 소규모 뉴타운 공간으로의 사용이다. 과거의 토지 이용이 단일 용도였으나 서울 뉴 프론티어 시티 창조 프로젝트는 토지의 중복 용도 사용을 지향한다.

3) 강변북로, 올림픽대로 지하화 구상

3-1) 사업 개요

• 규모 : 총 연장 48km 터널 공사 및 주요 연결점 연결
• 사업비 : 총 12조 추정
• 사업 내용
 - 강변북로 지하화(구리 경계~고양 경계, 총 연장 24km)
 - 올림픽대로 지하화(고덕~강서 방화, 총 연장 24km)
 - 주요 남북 도로 연결 공사

3-2) 사업 기대효과

• 도로 지상 구간 1,000만m²(30만 평) 생성
• 18개 지역별 특성 감안 서울 뉴 프론티어 시티 조성

4) 권역별 특화 한강변 뉴타운 구상[41]

강변도로를 지하화한 후에 우리들에게 선물처럼 다가올 도로로 사용되었던 지상 공간을 어떻게 사용할 것인가는 도로를 지하화하는 일보다 훨씬 중요하다. 그 공간은 한강-고수부지-구 도로 -도로 변 녹지 지역까지 이어지는 폭 200m 구간을 한강변과 기존 서울 도심과의 전체적인 조망 하에 가장 가치 있는 방향으로 디자인되고 실행되어야 한다. 단기간에 이

---

41) 강변도로를 강북, 강남 9개씩 총 18개 구간으로 나누어, 현재 도로로 사용되는 사진은 구글 지도로, 이후 도로 구간을 지역별 특화된 경제, 문화, 녹지 공간으로 만드는 구상은 스케치로 표현하였다. 18개 구간 스케치는 건축가 권명철 소장이 그렸다.

공간을 사용하기보다는 장기적인 안목에서 지역 특성을 감안하여 전문가와 시민의 의견을 들어 차근차근 가꾸어 나갈 일이다.

다만, 여기서는 기존의 지역별 특성을 감안하여 향후 어떠한 방향으로 조성되는 것이 바람직한가라는 차원의 구상을 제시하고자 한다.

▶ 강변북로 권역

① **난지 권역** -『에너지 연구』프론티어 시티

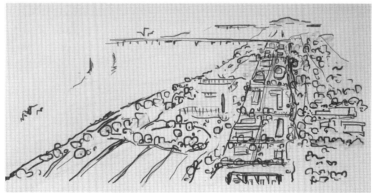

- 신재생 에너지 연구 시설
- 전기, 수소 연구 테스트 베드
- 친환경 생태 연구 시설
- 친수 여가 관련 비즈니스 공간

- 자전거, 전기 자전거, 전동 킥보드 시설 등 친환경 운동 시설, 연구 비즈니스
- 친환경 운동 기구 등 전시·판매 시설

② **망원 권역** - 『전통 한옥촌』 관광 프론티어 시티

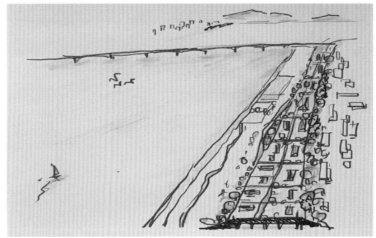

- 한옥촌 형태의 카페, 판매 시설
- 수산 관련 연구소
- 여의도와 연계한 관광 핵심 코어로 육성

③ 당인리 권역 - 『문화 복합』 프론티어 시티

- 공연장, 극장, 전시장
- 엔터테인먼트 관련 쇼핑몰
- 해변 카페 등 여가 시설(독일 베를린 포츠다머 플라츠 형식의 동양의 영화 메카로 육성 - 매년 서울 영화제 개최)

④ 당인리~마포~용산 권역 - 『마포 숲』 조성

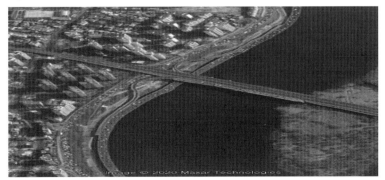

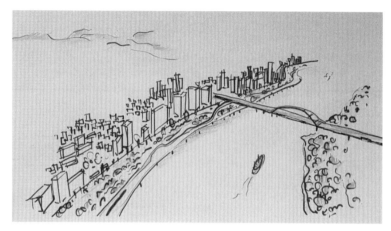

- 서울의 유일한 강변 숲길 조성(2.7km)
- 당인리 문화 복합 뉴 프론티어 시티와 용산국제업무지구를 연결하는 수변 숲길 조성, 양 지역을 생태 공간으로 연결
- 1, 2차 배후 지역의 업무 공간과 동·서측의 새로 창조되는 뉴 프론티어 시티를 삼각형으로 잇는 생태 숲길을 만들어 창조 에너지를 재충전하는 공간으로 조성

⑤ 용산 권역 - 『서울 실리콘 밸리』 프론티어 시티

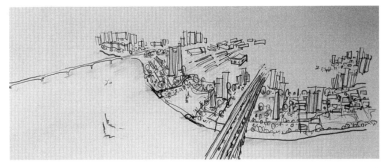

- 용산 철도 차량 기지와 연계한 용산국제업무지구 계획과 연계 추진
- 새로 창조된 상부 도로 공간은 서울의 실리콘 밸리로 조성
- 국제 금융, 업무 지원 시설
- 수변 여가, 레저 지원 시설

⑥ **이촌 권역** - 『서울 녹지 축, 창조 업무 시설』 이촌 숲 조성

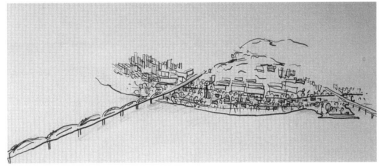

- 대규모 숲으로 조성
- 남산-한강으로 이어지는 서울 남북 녹지축 완성
- 숲과 조화된 창조적 업무 시설, 연구 공간

⑦ **성수 권역** - 서울숲과 연계한『강변 숲』조성

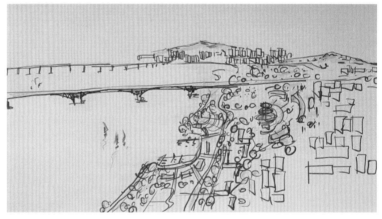

- 숲 연구소
- 동·식물 연구소 / 동·식물 관련 비즈니스 시설
- 수변 여가, 레저 시설
- 수변 레저, 여가 관련 연구, 비즈니스 시설

⑧ **뚝섬 권역** -『어린이 천국』뉴 프론티어 시티

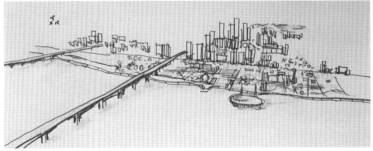

• 가족 단위 여가, 레저 시설
• 어린이 관련 쇼핑센터
• 대형 수족관
• 어린이 관련 연구, 비즈니스 시설

⑨ **자양~광장~천호 권역** -『동부 강변 숲』조성

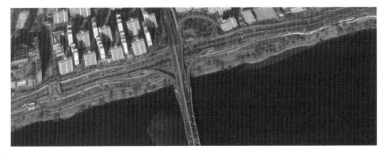

- 강북 동부 지역에 부족한 숲길을 조성하여 인근 주민들의 건강과 삶의 질 향상에 기여
- 30여 년간 단절된 강북 동부 지역 주민들의 한강 조망 및 수변 접근권 보장
- 자양동 구간은 저층의 수변 오피스 공간 조성
- 잠실철교~천호대교 구간은 강변 숲을 조성하여 젊음의 거리와 연결, 보행 네트워크 확보

▶ **올림픽대로 권역**

⑩ **고덕~암사 권역** -『한성 백제 타운』조성

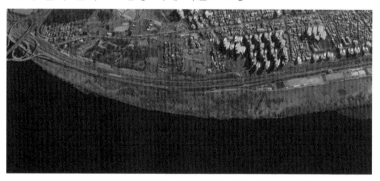

- 암사 역사 공원과 연결한 한성 백제 타운 조성
- 역사 고증 한성 백제 궁궐 재현
- 역사관, 박물관, 유물관 등 조성
- 역사·문화 관광 핵심 장소로 육성

⑪ **암사~송파 권역** - 『첨단 의료 연구』 뉴 프론티어 타운

- 아산병원 일대 의료 관련 연구 시설 조성
- 의료, 제약 연구 및 업무, 비즈니스 본산으로 육성
- BT 연구 시설 및 업무 시설

⑫ **잠실 권역 -**『잠실 복합 단지』조성 계획 추진

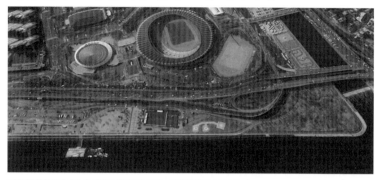

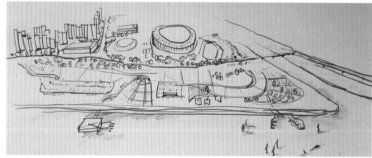

• 잠실종합운동장 리모델링 계획과 연계한 수변 공간 활용
• 수변 여가, 레저 시설

　　※ 현재, 잠실종합운동장 주변 복합 시설로 리모델링 계획이 진행 중인 바,
　　　이 계획을 강변도로 뉴 프론티어 계획과 일치하도록 변경하여 추진

⑬ **압구정 권역 -**『명품 패션·디자인』뉴 프론티어 시티

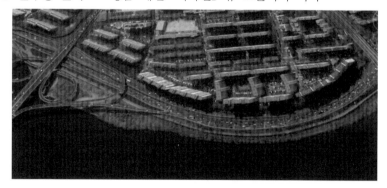

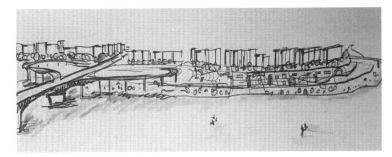

• 배후 지역 기능을 확산·보완하는 공간으로 조성
• 패션 연구, 디자인 연구소 등
• 젊은이들의 공간 확대, 젊음의 거리 조성
• 강변 경관을 활용한 리버 스몰 타운으로 조성

⑭ **잠원 권역** -『잠원 숲』 조성

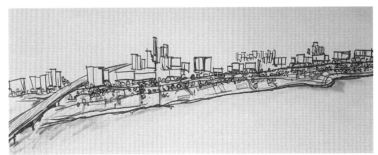

• 배후 주거 밀집 지역임을 감안 도심 수변 숲 조성
• 반포 권역과 자연스럽게 연계 조성

⑮ 반포 권역 - 『최첨단 기술 디자인』뉴 프론티어 시티

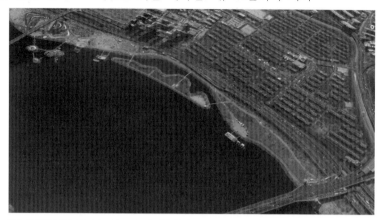

• 최첨단 분야 연구, 전시, 판매 시설
• 승용차 디자인 연구 시설
• 가구 디자인 연구 시설

⑯ 동작~여의도 권역 - 『수변 경관 카페』타운 조성

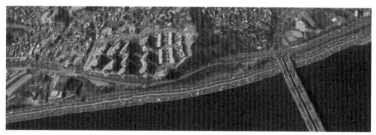

- 반포와 여의도를 잇는 가로 숲길 조성
- 숲길 사이에서 수변 경관을 조망하는 카페 거리 조성
- 교량 구간으로 배후지와 한강 사이에 여유 공간이 거의 없는 점을 감안하여 가로(街路) 개념으로 조성

⑰ **여의도 권역 – 『한강 주운 허브』 뉴 프론티어 시티**

- '한강르네상스계획'과 '한강협력계획' 반영 추진
- 한강변 여의도에는 CIQ 및 국제 선착장 설치

• 한강변 17개 뉴 프론티어 시티와의 연계 수상 핵심 코어
• 샛강 연접 구간은 성토하여 높인 후 적정 공간으로 활용

⑱ **여의도~염창~가양 권역 -**『강변 조망 휴식, 강서 강변 숲』

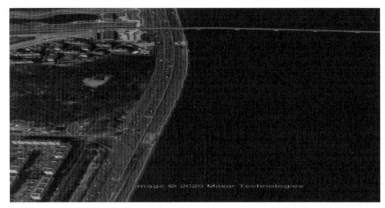

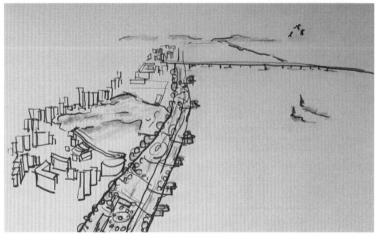

• 선유도 일대에 한강변 최고급 호텔 건축 검토
 - 여의도국제금융지구 배후 지원 시설
• 양화 지구 올림픽대로 구간은 젊음의 거리 조성
 - 스트리트 카페, 바, 오락 시설 등 설치
• 염창~강서 구간은 한강변 숲길 조성
 - 궁산 공원, 서울 식물원, 공원 공간을 수변으로 연결

다. 사업 실현 구상

1) 기본 방향

- 사업 추진 전 충분한 의견 수렴
  - 권역별 주민위원회 구성, 1년간 공청회, 설명회 개최 등
- 전문 자문단 설치(환경, 녹지, 토목, 수리, 교통, 도시 계획, 산업, 법률, 행정 등)
- 공사는 2년 내 완성
- 새로 창조되는 도로의 지상 공간 활용은 주민 참여하에 추진 계획을 확정하여 장기적으로 추진
- 가능한 시 예산을 들이지 않는 방식으로 추진
- 한강협력계획에 기초하여 최대한 중앙 정부 지원을 받아 시행

2) 사업 추진 방식

① 『특수 목적 법인(Special Purpose Company)』 설립
- 서울시, 개발자, 사업 시행자 등으로 구성
- 서울시는 각종 인허가 총괄 지원, 일부 공간에 대한 개발권 부여 (층고, 건폐율, 용도 일부 제한)
- 시행자는 자부담으로 지하화 시행, 지하 2층 도로는 유료화하여 일정 기간 운영·수익권 부여(BOT 방식)

② 『공구 분할』 시행
- 지하 도로 건설 및 지상 공간 개발은 공기(工期)를 여러 개로 나누어 시행(강변북로, 올림픽대로 각각 6~9개 공구로 분할)
  - 기본 및 실시 설계에 반영하여 추진

③ 시 예산 부담 최소화
- 시 예산으로 충당하는 부분은 녹지 조성 및 공공시설 설치에 한정 (약 1조 원 투자)
- 지하 터널 일부 유료화 운영권 및 지상 공간 일부 개발권 부여로 충당될 경우에는 시민 부담 최소화 원칙에 따라 추진

3) 강변도로 지하화 공사 중, 교통 처리 방향
- 터널 방식의 지하화로 공사 기간 중, 교통 처리 방안은 불필요
- 단, 기존 도로와 연결하는 접속 도로 공사 시기에는 일부 차로만 차단하고 심야 시간대 공사 진행을 원칙으로 가능한 기존 교통 영향 최소화
- 교통량이 많지 않은 진·출입 구간은 다른 도로로 우회하도록 교통처리 계획에 반영하여 설계
- 지하화 완성 후 기존 강변북로와 올림픽대로는 지역 도로로 전환하여 새로 조성되는 뉴 프론티어 시티 진·출입 및 인접 지역 간 연결 도로로 활용

라. 시민 참여 및 공청회 추진

서울 시민의 경제생활과 일상생활에 미칠 영향이 지대할 것으로 예상되는 본 계획을 추진함에 있어서 사업 추진 전, 전 과정에 시민의 폭넓은 의견이 반영될 수 있도록 설명회, 공청회 등을 계획 수립 단계에서부터 추진한다.

마. 추진 일정

▶ 사업 추진 일정은 다음과 같다.

사업 추진 일정표

구 분	2021년	2022년	2023년	2024년 이후
사업 설명회	■			
공청회	■			
기본 계획 수립	■			
실시 설계	■			
착공		■		
공사			■	
지하 도로 완공			■	
지상 공간 개발				■
녹지 공간 조성				■
뉴 프론티어 시티 조성				■

2. 기대 효과

가. 대한민국 경제 회복의 전환점

단절의 사회적 비용은 추산하기 어렵다. 단절은 경제적 비용은 물론이고 사회적 비용이나 심리적 비용까지 포괄하기 때문이다. 또 단절은 창조적 에너지를 제어하는 원인이 되기도 한다. 창조는 어느 지향의 끝 지점이 확정되어 있지 아니할 때에만 가능하기 때문이다.

공간적으로 단절된 한강은 그 상태로 30여 년이 흘렀다. 한강이라는 진정한 가치를 발견하기도 전에 사람으로부터의 단절을 맛보아야 했던 역사를 지니고 있다. 강변도로에 의해 단절된 채로 우리들의 뇌리에 당연한 격리로, 당연한 단절로 인식되어 왔다.

단절로부터 회복이 되면 새롭게 창조되는 공간이 무려 1,190만m²(360만 평)에 달한다. 그 가치를 정확하게 산출하는 것은 불가능할지도 모르지만, 인근 토지의 평균 거래가로 환산하면 무려 100조 원이 넘는 가치를 가진다.

우리에게 새로 주어지는 360만 평의 공간의 가치를 거래가로 단순 평가하였을 때 100조지만, 이 가용 공간을 토대로 새롭게 경제적 부가가치가 창출된다고 가정하면 그 가치는 매년 100조 이상으로 계산할 수 있을 것이다.

이처럼 가용 공간으로부터 산출되는 사회적 편익, 즉 시민들이 언제나 가까운 한강변으로 걸어 나가서 산책하고 달리며 지친 심신의 피로를 회복하는 삶의 편익까지 고려하면 이 또한 100조 이상의 가치를 창출한다고 할 수 있다.

최소한 매년 200조 이상의 순가치를 창출하는 새로운 공간인 것이다. 매년 200조 이상의 부가가치 창출은 우리나라 2020년 예산의 절반에 가깝고, 우리나라 GDP의 20%가 넘는다.

이러한 가치를 창출하는 공간의 경제적·사회적 효과는 서울에만 영향을 미치는 것이 아니다. 대한민국의 경제력을 뒷받침하는 원동력으로 작동하기에 부족함이 없을 것이다.

서울과 대한민국 경제에 활력을 불어넣을 뿐 아니라 시민의 삶의 질을 한 단계 높이는 사업인 서울 뉴 프론티어 시티(Seoul New Frontier City) 프로젝트는 말 그대로 대한민국의 지평을 새롭게 여는 사업이다.

나. 우리와 후손들의 먹고사는 터전

현재를 살아가는 우리에게 후손을 위해 무엇을 해야 하는가라는 질문을 많은 사람이 던지고는 있지만, 그 대답은 정확하게 들을 수 없다. 이 질문은 곧 사람들의 관심에서 멀어지는 화두가 된다. 미래보다는 현재에 더 치중하는 삶을 살아가고 있으며, 하루하루의 삶에 치이다 보면 미래에 대한 걱정과 대비는 사치스럽다고 여겨지기 때문이다.

그러나 이 땅은 우리만의 것이 아니며 우리의 자식들, 손녀·손자들, 그리고 그 후대까지 영원히 살아가야 할 터전임이 분명하다.

하지만 상황은 급변하고 있다. 작지만 그래도 근근이 살아있던 미래에 대한 의무감은 'COVID-19'라는 전염병으로 인하여 점점 사라져 가고 있다. 그렇게 미래에 대한 불확실성에 가로막혀 미래를 준비하는 마음이나 투자가 얼마나 중요한가에 대한 생각조차 희미해져 가는 상황이다.

재난 지원금의 형평성을 두고 다투며, 서로의 몫이 적다고 투쟁하는 2021년 대한민국 땅에서 앞으로의 미래를 위해 투자해야 한다는 목소리가 과연 얼마만큼이나 반향을 일으킬 수 있는지는 미지수다. 그렇다고 방관만 할 수는 없지 않은가? 누군가는 현재가 아무리 어렵다 하더라도 미래를 위해 투자하자고 큰소리로 외쳐야 하지 않겠는가?

세금을 가능한 한 많이 거두어 골고루 나누는 데에 더 익숙해져 버리기 전에, 우리는 미래를 위해 준비하고 투자해야 한다. 5,000년 넘게 이어온

끈기와 생명력을 바탕으로 살아온 민족의 저력을 자랑스럽게 여긴다면 미래를 위한 투자는 한시도 미룰 수 없는 긴박한 과제이기 때문이다.

황금알을 낳는 거위의 배를 가르는 우를 멈추고 보통 알을 낳는 거위들을 더 많이 길러내는 일로 돌아가야 한다. 황금알을 낳는 거위도 사실은 환상에 불과한 것이다. 그런 거위는 세상에 없다. 그것은 상상으로 거위의 배를 자르는 것이다. 상상 속의 존재에 불과한 황금알을 낳는 거위의 배를 가르는 대신에 보통 알을 지속해서 낳는 거위를 기르는 일, 그 일 중 하나가 바로 서울 뉴 프론티어 시티 프로젝트다.

3. 1석 3조, 팔당댐을 홍수 조절 전문 댐으로 전환

서울 뉴 프론티어 시티 구상이 완전하려면 한강의 고수부지 구간도 1년 365일 물에 잠기지 않는 공간이어야만 한다. 그래야 완전하게 한강 물까지 접근하여 공간 전체를 활용할 수 있다.

가끔씩 한강 시민 공원은 여름철 홍수기가 되면 한두 차례 잠기기도 한다. 과거의 역사 기록을 살펴보면 거의 매년 시민 공원 한두 곳은 잠겼다. 따라서 한강 시민 공원의 공간을 완전히 이용하는 데 제약 요인이 되고 있다. 방법은 없을까?

1997~2006년간 한강 시민 공원 침수 기록[42]

연도별	침수 기간	팔당댐 방류량(m3/s)	침수된 시민 공원 지구	잠수교 최고 수위(El.m)
	최근 10년간 한강 시민 공원 침수 현황			
1997	7월 2일 03:00 ~ 7월 2일 15:00	8,069	반포	6.82
	8월 4일 22:00 ~ 8월 5일 15:00	6,846	반포	
1998	8월 4일 11:00 ~ 8월 5일 15:00	17,704	반포 등 8개 지구 (뚝섬 지구 제외)	10.87
1999	8월 1일 08:00 ~ 8월 4일 21:30	18,844	반포 등 8개 지구 (뚝섬 지구 제외)	10.93
2000	9월 20일 12:00 ~ 9월 22일 05:00	9,865	반포	6.77
	8월 27일 05:00 ~ 8월 28일 02:00	8,082	반포	
	9월 15일 22:00 ~ 9월 16일 06:00	6,689	반포	
2001	7월 15일 08:00 ~ 7월 15일 21:00	10,600	반포	7.64
	7월 23일 13:00 ~ 7월 23일 17:00	9,710	반포	
2002	8월 6일 10:30 ~ 8월 10일 17:30	22,062	전 지구 침수	11.57
2006	7월 12일 17:00 ~ 7월 20일 10:00	23,084	11개 지구 침수 (선유도 제외)	12.62
	7월 27일 17:00 ~ 7월 30일 09:00	14,581	10개 지구 침수 (선유도, 뚝섬 제외)	

---

42) 이재준 · 곽창재 · 이상원, 팔당댐 방류량에 따른 한강 시민 공원의 수리학적 영향 분석, 한국방재학회 논문집 제8권 제6호, 2008. 12.

그중 하나는 홍수기에도 한강 고수부지에 영향을 미치지 않도록 팔당 댐 하류 또는 상류에 추가적인 댐을 건설하는 방법을 생각할 수 있다. 서울 구간 한강 수위에 영향을 미치는 것은 팔당댐 방류량이다. 평상시에 는 초당 600톤 규모의 물을 방류한다. 초당 방류량이 1만 톤을 넘기면 잠수교부터 잠기기 시작해 방류량이 증가하면서 반포 구간부터 고수부지 들이 차례로 잠긴다. 20,000톤 이상이면 한강 시민 공원 전체가 잠긴다. 대 한민국 역사상 20,000톤을 넘긴 기록은 2002년과 2006년 두 번 있었다. 2020년에는 팔당댐 방류량이 18,000톤까지 이르렀다. 팔당댐 방류량과 한강 시민 공원 침수의 영향 관계 통계는 다음과 같다.

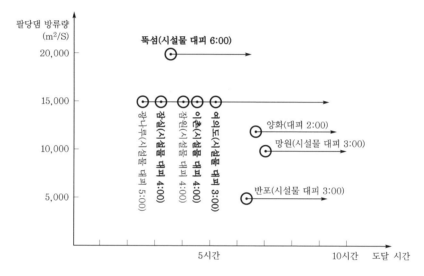

구분	반포	망원	양화	광나루	잠실	잠원	이촌	여의도	뚝섬
팔당댐 방류량	5,000	10,000	12,000	15,000	15,000	15,000	15,000	15,000	20,000
도달 시간	6:20	7:00	6:40	2:30	3:10	4:00	4:30	5:10	3:30
대피 선행 시간	3:00	3:00	2:00	5:00	4:00	4:00	4:00	3:00	6:00

팔당댐 방류량과 한강 시민 공원 침수 현황[43]

43) 한강 홍수 통제소 자료

가. 한강 서울 구간, 수위 조절 기능 댐 추가 건설

만일 추가 댐 건설로 어떤 홍수에도 팔당댐 방류량을 초당 1만 톤 이하로 조절·통제할 수 있다면 한강 시민 공원 이용을 적극적으로 하지 못할 이유가 없다. 홍수기에 잠길 것을 대비해 구조물은 물론 나무 한 그루 제대로 심지 못하기 때문이다.

한강 수계 댐 위치도[44]

한강 수계에는 총 10개의 댐이 건설되어 있다. 모든 댐이 수량 조절 기능은 하고 있지만, 수위 조절 기능을 전문으로 건설된 댐은 없다.

팔당댐은 한강 수계 중 최하류에 위치하고 있다. 팔당댐의 건설 목적은 수력 발전용이지만 최근에는 수도권의 식수원과 수위 조절 역할이 중요해지고 있다. 수위 조절 기능을 전담하는 전문 댐을 팔당 하류 또는 상류에 설치하는 방안을 구상해 본다. 그 위치는 팔당댐과 충주댐 사이의 적정 지점이 될 것이다.

---

44) 수자원 공사, KBS 자료 인용.

하지만 이 방안은 댐 설치로 인한 많은 부작용이 예상되어 실제로 추진하기는 현실적으로 어렵다. 막대한 공사비와 긴 공사 기간은 물론, 광범위한 수몰 지역 발생으로 많은 문제를 야기할 수 있다. 따라서 이 방안은 현실성이 없다. 그렇다면 다른 방법은 없는가?

나. 팔당댐 기능의 획기적 전환

팔당댐을 수위 조절 전문 댐으로 만드는 획기적인 전환 방법을 생각할 수 있다. 현재 팔당댐은 수위 조절 기능, 발전 기능, 그리고 수도권의 광역 상수도 취수원 등 다목적으로 사용되고 있다. 그중 발전 기능은 살리고 광역 상수원을 보다 깨끗한 소양강댐으로 이전하여 취수함으로써 수위 조절 전문 댐으로써 활용하는 방안이다.

1) 팔당댐을 수위 조절 전문 댐으로 전환

팔당댐은 1973년에 준공된 다목적 댐이다. 수위 조절, 수력 발전, 그리고 수도권 2,500만 명의 식수원으로서 역할을 하고 있다. 한강 수계상 최하단부에 위치하고 있어서 서울 구간 한강 수위에 직접적 영향을 미친다. 유역 면적은 23,800km^{2}로 이 중, 팔당댐 수위 상승에 직접적으로 영향을 미치는 유역은 팔당댐에서 1~20km 이내에 위치하고 있는 팔당, 청평, 양평, 경안 지역이다. 총 저수량은 2.44억m^{3}이고 상시 만수위는 25.50m, 최대 방류량은 초당 2만 6,000m^{3}이다.

따라서 팔당댐은 홍수기인 6월 21부터 9월 20일 사이에 저류 용량을 어떻게 최대한 확보하느냐가 홍수 조절 기능을 위한 관건이다. 즉, 홍수기에 수위를 최대한 낮추어 저류 용량을 최대로 확보하였다가 일시적인 집중 강우 시 최대로 저류하여 서서히 10,000m^3 이하로 방류할 수 있는지가 한강 고수부지의 침수 여부를 결정하는 요인이 되는 것이다. 다음 그림을 보자.

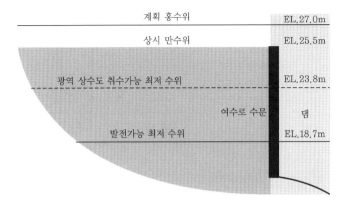

팔당댐 계획 수위[45]

계획 홍수위	EL.27.0m
상시 만수위	EL.25.5m
광역 상수도 취수가능 최저 수위	EL.23.8m
여수로 수문	댐
발전가능 최저 수위	EL.18.7m

팔당댐의 계획 홍수위는 EL. 27.0m고 상시 만수위는 EL. 25.5m다. 팔당댐은 발전을 위해서는 최소한 EL. 18.7m를 유지해야 한다. 또 팔당댐은 수도권의 광역 상수도 취수원이기 때문에 최소한 EL. 23.8m의 수위 유지가 필요하다. 따라서 홍수기에도 최소 수위를 23.8m이상으로 유지해야 하는 제한 수위 방식을 운영하고 있다. 광역 상수도 취수 이전의 팔당댐 평균 수위는 24.6m이었으나 광역 상수도 취수를 시작한 이후에는 평균 수위가 25.2m로 60cm가 상승하였다. 광역 상수원을 팔당에서 다른 곳으로 이전한다면 평균 수위를 24.6m로 유지할 수 있고, 홍수기에는 그 이하로 운영할 수 있다. 광역 상수도 취수를 팔당댐에서 다른 곳으로 이전하면 홍수기에는 발전 가능 수위인 EL. 18.7m 수준까지 운영할 수 있는 것이다.

2) 광역 상수도 취수원 이전

상수도 취수의 가장 핵심적인 기준은 수질과 수량이다. 취수장 선정 기준은 원수의 깨끗한 수질과 풍부한 수량이다. 2011년 경기도에서 팔당 상수원 취수장 이전을 검토했을 당시에는 취수원 이전 장소가 팔당에서 22km 떨어진 청평댐이었다. 그러나 청평댐의 수질은 팔당과 비교해 큰

45) 정헌철, 홍수기 팔당댐 수위 운영에 관한 연구, 2009.

차이가 없을 뿐만 아니라 취수 가능한 수량 또한 1일 필요량 1,500만 톤의 1/3인 500만 톤에 불과하다.

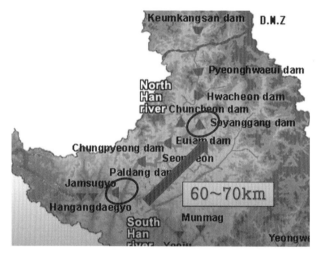

취수원 이전 구상안[46]

따라서 수질과 수량에 있어서 팔당에 비해 뛰어난 소양강댐으로 이전을 검토할 필요가 있다. 소양강댐의 수질은 생물학적 산소 요구량(BOD)이 0.4ppm으로 팔당의 1.2ppm에 비해 월등히 깨끗하고 수량도 29억 톤으로 팔당 취수량을 대체하기에 부족함이 없다. 다만 청평으로의 이전 방안보다는 이전 비용이 더 소요된다는 문제점은 있다. 팔당으로의 이전 비용이 대략 1조 5,000억 원 정도인 데 반해 약 3배 이상의 비용이 든다. 그러나 이전으로 인한 효과는 비용에 비해 훨씬 크다. 팔당댐을 홍수 조절 전문 댐으로 운영하여 홍수 시 방류량을 10,000㎥ 이하로 관리하면 한강 고수부지를 적극적으로 활용할 수 있다는 점이 가장 큰 효과라 할 수 있다. 그 이외에도 추가로 얻을 수 있는 효과는 적지 않다.

---

46) 박석순(이화여자대학교) 교수의 제안 인용.

3) 팔당호 이수 기능 강화, 경기 북부 지역 규제 완화

팔당호

우선 팔당호 자체를 수도권 주민의 대규모 휴양, 위락, 수상 스포츠, 관광 지역으로 변화시킬 수 있다. 상수원 보호 구역으로 인한 규제에서 벗어나 더욱 가치 있는 공간으로 활용할 수 있을 것이다.

또 남양주, 하남, 광주, 양평, 용인 등 경기 북부권 주민의 일상생활과 경제 활동을 제약하고 있던 각종 규제를 완화할 수 있는 여지가 생겨 이 지역들의 경제 활성화에 큰 기여를 할 수 있다는 이점 또한 작지 않다.

제6장

서울이 대한민국을 살린다

— Seoul New Frontier —

1. 대한민국은 도시 국가

현실을 냉정하게 들여다보아야 진실이 보인다. 최대한 감정을 배제하고 냉철한 이성으로 사물을 들여다보는 것이 진실에 접근하는 지름길이다. 옛 사람들은 이를 격물치지라 하였다. 사물의 이치를 깨닫는 것은 수많은 경험과 부단한 정진으로 가능한 것이리라.

가. 격물치지

모든 사물은 그 고유한 성질, 즉 격(格)을 갖는다. 사물마다 고유한 특성을 갖는다는 뜻이다. 그 특성을 제대로 이해하는 것이 치지(致知)다. 사물의 특성을 궁극에까지 관찰하여 그 이치를 깨닫는다는 말이다.

그 시각으로 서울을 들여다보자. 국가를 존속시키고 운영하는 데 필요한 것은 예산이다. 예산은 국민들로부터 거두어들이는 돈이다. 생산이 많은 곳과 가치가 높은 곳으로부터 더 많은 돈을 거둔다. 그렇게 해서 거두는 한 해 세수입은 약 300조 규모이며, 그 상당 부분은 서울에서 거두어들인다. 국세의 주 세원은 소득세, 법인세, 부가가치세로 대략 230조 규모다. 그중 40% 이상인 100조를 서울로부터 거두어들이는 것이다. 그만큼 서울이 부가가치가 높은 경제 활동을 하고 있다는 의미다. 이는 부인 할 수 없는 사실이다.

나. 도시 국가, 대한민국

도시이기 때문이다. 도시이기 때문에 고부가가치를 산출해 내는 에너지를 가지고 있는 것이다. 이것이 진실이다. 도시가 고부가가치를 가지고 있다는 것이 진실이라면 도시를 지향하는 것은 잘못된 선택이 아닌, 살아가는 데 가장 합리적인 선택이다. 도시가 있기 때문에 현재의 대한민국이 있을 수 있다.

평등주의에 사로잡힌 일부 사람들은 수도권의 집중된 시설을 다른 곳으로 이전하면 전국이 균형 발전될 것이라는 환상을 아직도 가지고 있다.

그러나 이전 후에도 똑같은 생산성을 보이고 있다는 증거는 그 어디에도 없다. 도시의 에너지가 없기 때문이다.

도시의 에너지는 어디서 오는가? 물론 수렴에서 온다. 집적 효과 (Agglomeration Effect)이다. 그래서 도시화가 이루어진다.

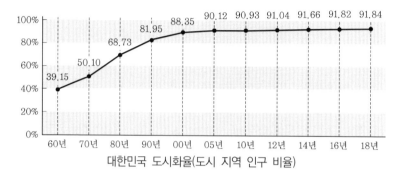

대한민국 도시화율(도시 지역 인구 비율)

통계청의 국제통계연감에 따르면 우리나라의 도시화율47)은 1950년 21.4%였으나 1960년 39.1%, 1970년 50.1%, 1980년 68.7%, 1990년 81.9%, 2000년 88.3%, 2010년 90.9%로 나타나고 있다. 전 세계의 도시화율은 1950년에 29.6%, 2010년에는 51.7%를 기록하고 있다. 세계 도시화율과 비교하면 우리나라 도시화율은 1960년대까지만 하더라도 세계 도시화율을 밑도는 수준이었으나, 1970년 이후에는 세계 도시화율을 추월하며 급속도로 증가하고 있다. 이는 1970년대를 전후하여 산업 발달에 따른 이촌향도 현상이 가속화됨에 따라 도시로의 사회적 인구 이동이 급증하였기 때문이다.

현재 우리나라는 인구 10명 가운데 9명 정도가 도시에 거주하고 있다고 볼 수 있으며, 이는 세계적으로도 매우 높은 수준이다. 도시 국가의 성격을 가지고 있는 홍콩이나 싱가포르보다는 낮지만 다른 나라들과 비교하면 도시 국가 수준이라 말할 수 있다. 그 이유는 어디에 있는가?

---

47) 도시화의 정도를 판단할 수 있는 지표가 도시화율이다. 도시화율은 전체 인구 중에서 도시에 거주하는 인구 비율을 말한다.

여러 이유를 들 수 있지만 가장 확실한 원인은 도시가 농촌에 비해 다양한 분야에서 더 큰 기회를 제공하기 때문이라 할 수 있다. 즉, 도시는 사람들을 끌어당기는 요인(Pulling Factors)으로, 농촌은 사람들을 밀어내는 요인(Pushing Factors)으로 구분된다. 흡인 요인은 산업화 진전으로 인한 생산성 향상에 따른 노동 기회와 수요의 증가로 인해 도시가 갖는 높은 임금 수준과 교육 수준, 문화 환경, 그리고 사회적 지위의 상승 기회 확대라 할 수 있다. 반대로 압출 요인은 농촌의 소득 감소, 농업 기술 발달에 따른 노동력 수요 감소, 그리고 농경지 영세화에 따른 생산성 및 노동력 수요 감소 등이다.

이런 요인의 배경에는 모두 생산성의 크고 작음이 깔려 있다. 도시는 집적화로 인해 생산성이 확대되고 이것이 만들어내는 노동 기회 확대와 매력 요인들이 사람들을 도시로 유인하는 것이다. 결국 도시의 집적 효과가 수렴이라는 동력을 만들어 낸다. 문제는 이것이 인위적인 것이 아니고 자연스러운 동력이자 물리적인 현상이라는 점에 있다.

다. 수렴과 분산

자연적인 물리적 현상을 거스르는 것은 부작용을 낳는다. 도시로의 수렴은 인위적인 도시 형성에 기인하는 것이기보다는 집적 효과와 규모의 경제를 경험적으로 깨달은 인간들이 선택한 자연스러운 행위의 결과라고 보는 것이 더 정확하다. 이러한 물리적 현상을 인위적으로 거스르고자 하는 정책이 바로 균형 발전으로 치장된 분산 정책이다. 분산은 강제력을 수반한다. 지금도 진행되고 있는 행정 수도 이전이나 공공기관과 공기업 이전이 포함된 혁신도시나 기업도시 정책이 바로 대표적인 것이라 할 수 있다. 20여 년간 추진되어 온 균형 발전 정책이 그 지역의 생산성에 얼마나 큰 기여를 하고 있는지 통계로 명확하게 입증된 것은 없다. 다만, 그 정책은 아직도 미완성인 채 선거 때마다 활용되는 대표적인 선거 기제로 작동할 뿐이다. 아직도 도로와 상·하수 시설만 깔려 있는 텅 빈 기업도시와 넓은 공간에 군데군데 공공기관들이 이정표처럼 자리하고 있는 혁신도시들의 모습은 인위적인 분산이 어떤 효과를 가져왔는지를 대변하는 성적표인 것이다. 이는 자연스러운 흐름을 거스르는 정책이 얼마나 큰 국가 자원 낭비라는 폐해를 가져오는 지를 입증하고도 남는다.

라. 낙수 효과(Trickle Down Effect)와 분수 효과(Fountain Effect)

이러한 개념 하에 소득 분배라는 차원의 문제를 들여다보자. 우선 떨어지는 폭포와 위로 솟아오르는 분수 중에 무엇이 더 아름다운가? 아름다움은 보는 이의 관점에 따라 다르듯이 우열을 가릴 수 없다. 그러나 이를 위해 사용하는 에너지, 즉 비용이라는 점을 기준으로 들여다보면 고저 차이에 의해 위에서 아래로 흘러내리는 폭포가 보다 더 자연스럽다. 또 에너지가 추가로 들지 않는다. 반면에 분수는 물을 밑에서 위로 솟아오르도록 막대한 에너지, 즉 비용이 필요하다. 폭포는 떨어지는 물의 힘을 이용해 하단에 적절한 분수를 만들 수도 있다. 하지만 분수로는 폭포를 만들기 어렵다. 자연스러운 물리적 에너지를 이용하는 것이 사물의 본성에 훨씬 더 적합한 격물치지인 까닭이다. 사물의 자연스러운 이치를 이해하고 잘 활용하는 것이 정책의 가장 큰 지혜인 것이다.

이러한 이해를 바탕으로 도시를, 서울을 들여다보아야 한다. 서울의 집중을 폐해로 인식하기보다는 수렴으로 인한 에너지로 읽어야 한다. 대한민국 전체를 도시로 인식하고 들여다보면 의외로 자연스러운 해법이 나올 수 있다. 대한민국을 수도권과 지방, 도시와 농촌, 부자와 가난한 사람, 집중과 분산이라는 이원적인 잣대로 들여다보면 인위적인 구분에 따른 강제적인 분산을 통한 균형이 해법이라는 결론에 도달하기 때문이다. 분산이라는 힘은 수렴으로 인해 응축된 에너지가 존재해야만 가능하다.

2. 수렴과 확산, 삶의 공존

에너지는 응축되어야 확산하는 힘을 갖는다. 분산되어 있는 힘들은 한 곳으로 모여야 큰 힘이 된다. 응축된 힘은 확산력을 갖는다.

서울로 응축된 경제적 · 사회적 · 정신적 에너지를 이제는 한강으로 다시 재응축시켜야 한다. 그동안 단절되어 분산되었던 서울의 에너지를 한강 변 360만 평, 재창조 프로젝트인 '서울 뉴 프론티어 시티' 프로젝트로 수렴시켜야 한다.

수렴의 에너지를 작동시키는 공간이 곧 서울 뉴 프론티어 시티다. 이곳에서 응축된 에너지는 서울 전역을 거쳐 전국으로 확산될 것이다. 한강을 따라서, 경부고속도로와 서해안고속도로를, 그리고 영동고속도로를 따라서 전국 곳곳에 퍼져, 그 지역의 새로운 에너지를 창출하는 힘으로 작동할 것이다.

이 프로젝트를 성공시키는 것은 결국 사람, 즉 지도자다.

3. 프로젝트 성공 조건

진실에 기초한 이 프로젝트가 성공하기 위해 가장 중요한 조건은 무엇인가? 진실을 진실로 이해하고 접근하여 추진하는 추진 주체, 즉 진실을 존중하는 지도자가 필요하다.

왜 행정은 정치에서 독립되어야 하는가? 정치가 개입하면 효율성이 저해되기 때문이다. 행정에 정치가 개입한다는 말은 정책 결정에 효율성이 무시되거나 배제된다는 말이다. 공공 부문에서의 효율성은 공공성을 담보하는 근원적 수단이다.

왜 효율성이 공공성을 담보하는가? 효율성이 확보되어야 공공성이 확대되기 때문이다. 공공 부문이 사용하는 재화, 즉 예산은 한정되어 있다. 예산이 무한정한 것이라면 효율성, 즉 적은 돈을 들이고도 더 큰 공공서비스를 산출하려는 노력을 굳이 기울일 필요가 없을 것이다. 오로지 큰 공적 서비스만을 제공하면 그만이기 때문이다. 하지만 어떤 정책을 생산하여 수행하는 데 100이라는 예산이 들 것을 60만으로도 할 수 있다면 나머지 절약된 40을 다른 공공성 분야 정책에 사용할 여력이 생긴다. 그래서 효율성이 공공성을 확대시키는 주요 원천이 되는 것이다.

그러나 정책 선정과 집행에 정치가 개입되면 공공성 확대의 원천인 효율성은 무시된다. 한정된 재원이 절약되어 다른 부문에 사용될 여력이 없어지는 것이다. 정치는 다수의 뜻만 살피는 대의주의를 지향하고 효율을 무시하는 경향이 있기 때문이다. 공공성 확대를 위해서 행정이 정치로부터 반드시 해방되어야 하는 이유가 여기에 있다.

따라서 정치로부터 서울시는 독립하여야 한다. 시민의 행복을 더 이상 정치인들에게 맡길 수 없다. 정치인들이 망쳐 놓은 서울시를 이제는 원상태로 돌려놓아야 한다. 더 이상 방관만 할 수 없다.

대권 가도로 가는 정치인의 욕망의 지름길과 정치적인 제물로 서울시가 희생양이 되도록 방치해서는 안 된다. 구태에 찌든 정치인들에게 더 이상 의존할 수는 없다.

서울은 1,000만 시민이 일상을 살아가는 삶의 터전이다. 뿐만 아니라 경제·사회·문화적으로 수도권 시민은 물론 전국의 국민들이 직·간접적으로 밀접한 관련을 맺고 살아가는 공간이기도 하다.

우선 서울이라는 공간에 주소를 두고 살아가는 1,000만 명의 시민으로 한정해서 보아도 시민들의 일거수일투족에 영향을 미치는 공간이다. 삶의 공간인 것이다. 아침에 출근하여 일하고, 밥을 먹고, 남는 여유 시간에 친구나 가족과 함께 시간을 보내다가 잠자리에 드는 모든 시간을 함께하는 공간이다. 그 공간에는 눈에 보이지 않는 무수한 시설이 존재한다. 입체적인 시설이 빽빽이 들어차 있는 것이다. 우선 지상 공간을 보자. 도로가 있고, 그 위로 차가 다니며, 건물들이 있다. 각종 도로 및 가로(街路) 관련 시설물도 존재한다. 공원이 있고, 그 공원 안에는 각종 시설이 있다. 지하는 어떤가? 수도, 전기, 가스, 통신, 하수도 등 소위 5대 생활 기반 시설이 거미줄처럼 얽혀 있다. 지상, 지하 할 것 없이 공적인 시설물을 다 헤아릴 수 없다. 무심코 이용하는 공간이지만 그 공간이 공간답게 이용되기 위해 관리되고 있는 무수한 시설들은 서울시의 손길 여하에 따라 그 수준이 결정되는 것이다. 시설은 설치만으로 끝나는 것이 아니다. 24시간 세심한 손길이 필요하다. 수도 시설만 하더라도 간단치 않음을 최근의 붉은 수돗물 사건이나 벌레 혼입 사건만 보더라도 익히 알 수 있지 않은가?

이런 공공시설물을 수준 높게 관리하는 일만 해도 공무원들의 할 일은 벅차다. 여기 어디에 정치가 개입할 여력이 있는가? 그러나 서울시는 선거에 의해 시장이 선출되기 시작한 이후로 행정에 정치가 지속적으로 간여하기 시작하였다. 1995년에 최초로 선거에 의해 시장이 선출되었고, 그 이후로 고건, 이명박, 오세훈, 박원순 시장이 선출되었다. 민선 시대가 들어선 이후, 1995년부터 2010년대 초반까지는 정치와 행정의 영역이 나름대로 상호의 영역을 존중해왔고, 어느 한쪽으로 치우치지 않았다. 대체로 행정과 정치 영역 사이에서 8 : 2의 원칙이 지켜졌다. 행정의 효율성과 정치의 민주성이 적절한 조화를 이루며 그런대로 유지되고 있었다. 그러나 이런 원칙은 2011년 서울시장 보궐선거 이후 급격히 달라졌다.

모든 행정은 정치에 예속되었다. 예산을 덜 들이면서 가장 효율적인 공적 서비스를 산출한다는 효율성의 의미는 퇴색되었다. 오히려 민주성과 이념성이 전 행정을 압도하였다. 이념에 봉사하는 기관으로 전락해버린 것이다. 그 결과 수준 높은 도시 인프라에 투자하기보다는 많은 사람에게 시 예산을 분배하는 사업에 집중되었다. 민간기업보다는 공적인 부분이 시장 기능을 대체하려고만 하게 되었다.

정치가 행정을 압도하고 예속시킨 것이다. 그동안 지켜오던 행정과 정치 8 : 2라는 원칙은 무시되어 실종되었다. 오히려 정치와 행정이 8 : 2로 역전되었다. 공공기관의 정치화가 급속히 이루어지면서 이념으로 포장된 정책들은 정치라는 날개를 달고 시정 전반을 압도하기 시작하였다. 서울의 정치화가 진행되었다. 정치와 이념으로 무장된 사람들이 시 행정 곳곳에 포진되었고, 이들은 행정적 판단을 깡그리 무시하거나 뒤집어 버렸다. 시 행정 깊숙한 곳까지 정치로 물들인 것이다. 정치에 물든다는 것은 정책이 편향된다는 것이며, 편향된 정책은 정책의 대상이 특정 집단에게로 향한다는 뜻이다. 나머지 이에 속하지 않는 그룹이나 집단은 소외되는 것이다. 편향의 폐해는 구분과 갈등을 야기한다. 이런 경향은 2021년 지금까지도 지속되고 있다.

그렇다면 바람직한 시장의 역량과 가치관은 무엇일까? 지도자 이론을 차용하지 않더라도 경험상 바람직한 지도자의 모습은 단 한마디로 요약된다. 공공이 아닌 민간으로의 시야가 열려있는 사람이다. 공공적 가치를 확고히 무장한 채 시장의 가치를 최대한 존중할 줄 아는 성향과 이념을 가진 자이다. 우스갯소리 같지만 시장(市場)을 존중하는 사람이 진정한 시장(市長)이다. 시장을 존중하지 않는 자는 더 이상 시장이 아니다. 시장(市場)은 그 무엇으로도 대체될 수 없다.

지도자가 시장을 무시하거나 무리하게 개입하면 그 이하 조직과 구성원들은 그 이념과 가치를 따를 수밖에 없다. 그래서 시장 파괴적인 행동에 나선다. 그 역효과가 어떠한지는 제3장에서 공무원들이 직접 골목 상점을 설치하고 운영하자고 나서는 사례 등을 통해 살펴보았다.

바람직한 시장은 우선 자유 시장을 존중하고, 행정과 정치 비율을 최소한 8 : 2 원칙으로 지키는 사람이어야 한다. 시민은 정치인을 원하는 것이 아니다. 시장은 시민의 일상생활에 불편이 없도록 시 전체의 구석구석을 살피는 일만 해도 벅차서 정치를 돌아볼 틈이 없는 자리다. 그러나 정치권이 서울시장은 '정치하는 자리'라는 인식을 고착화시켰다. 시장이라는 자리를 정치권의 가장 큰 스테이크(stake)로 만든 것이다. 서울시장은 그런 정치 시장에서 서울을 독립시키는 결기와 역량을 가진 자여야 한다.

바람직한 시장(市長)은 유연하고 포용적인 경제 제도를 존중하는 사람이어야 한다. 자유 경쟁을 저해하는 요인을 제거하여 시장(市場)이 가장 큰 성과를 낼 수 있도록 지원하는 역할을 해야 한다. 물론 시장의 경쟁에서 낙오한 사람들의 삶을 챙기는 일 또한 시장이 해야 할 중요한 일 중 하나다. 이것 또한 소홀히 할 수 없는 서울시장의 몫이다.

지도자가 정치적인 편향이나 사상, 또는 이념에 물들어 있거나 치우쳐 있으면 시민에게, 국민에게 진정으로 도움이 되는 사업들은 추진되지 않기 때문이다. 그런 지도자는 우리가 익히 경험하고 있는 것처럼 눈에 보이는 사업, 겉만 화려한 사업, 전시적인 사업, 표를 위해 가능한 많은 사람에게 현금을 뿌리는 사업에만 몰두할 뿐이다.

정치로부터, 정치적 영향으로부터 과감히 독립하여 미래의 후손들이 살아가야 할 가치 있는 공간인 서울을 가꾸고 창조하는 서울의 진정한 지도자가 나오길 고대하고 꿈꾼다.

Foreign Copyright:
Joonwon Lee
Address: 3F, 127, Yanghwa-ro, Mapo-gu, Seoul, Republic of Korea
           3rd Floor
Telephone: 82-2-3142-4151
E-mail: jwlee@cyber.co.kr

서울을 서울답게

2021. 1. 21. 1판 1쇄 인쇄
2021. 1. 28. 1판 1쇄 발행

지은이 │ 목영만
펴낸이 │ 이종춘
펴낸곳 │ **BM** (주)도서출판 **성안당**
주소 │ 04032 서울시 마포구 양화로 127 첨단빌딩 3층(출판기획 R&D 센터)
     │ 10881 경기도 파주시 문발로 112 파주 출판 문화도시(제작 및 물류)
전화 │ 02) 3142-0036
     │ 031) 950-6300
팩스 │ 031) 955-0510
등록 │ 1973. 2. 1. 제406-2005-000046호
출판사 홈페이지 │ **www.cyber.co.kr**
ISBN │ 978-89-315-9100-2 (03300)
정가 │ 13,000원

이 책을 만든 사람들
책임 │ 최옥현
진행 │ 오영미
교정·교열 │ 김동환
본문 디자인 │ 전채영
표지 디자인 │ 박원석
홍보 │ 김계향, 유미나
국제부 │ 이선민, 조혜란, 김혜숙
마케팅 │ 구본철, 차정욱, 나진호, 이동후, 강호묵
마케팅 지원 │ 장상범, 박지연
제작 │ 김유석

▪ 도서 A/S 안내

성안당에서 발행하는 모든 도서는 저자와 출판사, 그리고 독자가 함께 만들어 나갑니다.
좋은 책을 펴내기 위해 많은 노력을 기울이고 있습니다. 혹시라도 내용상의 오류나 오탈자 등이
발견되면 **"좋은 책은 나라의 보배"**로서 우리 모두가 함께 만들어 간다는 마음으로 연락주시기
바랍니다. 수정 보완하여 더 나은 책이 되도록 최선을 다하겠습니다.
성안당은 늘 독자 여러분들의 소중한 의견을 기다리고 있습니다. 좋은 의견을 보내주시는 분께는
성안당 쇼핑몰의 포인트(3,000포인트)를 적립해 드립니다.
잘못 만들어진 책이나 부록 등이 파손된 경우에는 교환해 드립니다.